新时代
营销
新理念

新媒体文案
炼成记

爆款标题+内容创作+
广告营销+排名优化

文能载商 / 编著

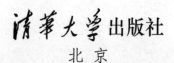

清華大學出版社

北 京

内 容 简 介

10 大新媒体文案专题课程，从爆款案例、软文形式、标题打造、内容布局、图片展示、精美排版、广告嵌入、推广发布以及排名优化等角度，帮助新手成为阅读量上十万、百万级的文案高手。

120 多个纯高手干货技巧，打造新媒体文案写作与营销一体化方案，助力文案小白、传统文案创作者成功进阶、转型，锤炼字字千金之功，成为新媒体文案大师！

本书适合以下人员：从事文案策划与写作的自媒体人；从事软文营销的工作人员；从事微信营销的个体和企业；新媒体行业的运营、编辑人员。

图书在版编目(CIP)数据

10W+新媒体文案炼成记：爆款标题+内容创作+广告营销+排名优化 / 文能载商编著.
— 北京：清华大学出版社，2018（2021.10重印）
（新时代·营销新理念）
ISBN 978-7-302-50776-5

Ⅰ.①1… Ⅱ.①文… Ⅲ.①传播媒介－文书－写作 Ⅳ.①G206.2

中国版本图书馆CIP数据核字（2018）第 178113 号

责任编辑：刘　洋
封面设计：徐　超
版式设计：方加青
责任校对：宋玉莲
责任印制：沈　露

出版发行：清华大学出版社
网　　　址：http://www.tup.com.cn，http://www.wqbook.com
地　　　址：北京清华大学学研大厦A座　　　　邮　　编：100084
社 总 机：010-62770175　　　　邮　　购：010-62786544
投稿与读者服务：010-62776969，c-service@tup.tsinghua.edu.cn
质 量 反 馈：010-62772015，zhiliang@tup.tsinghua.edu.cn
印 装 者：三河市铭诚印务有限公司
经　　销：全国新华书店
开　　本：170mm×240mm　　印　张：20　　字　数：347千字
版　　次：2018 年 11 月第 1 版　　印　次：2021年10月第 7 次印刷
定　　价：69.00元

产品编号：079837-01

📜 写作驱动

随着互联网不断地深入人们的生活，"新媒体"一词也开始出现在人们的视野之中。而在新媒体平台上占据一席之地的新媒体文案，也以移动客户端为依托，发挥着自己巨大的影响力与价值。

特别是那些阅读量超过 10 万（业界一般称为 10W+，故本书按业界习惯来表示）的新媒体文案，一次又一次引爆了人们的眼球，而通过撰写爆款文案成功盈利的新媒体和自媒体人也不在少数。那么，笔者为什么要为大家呈现这本书呢？本书产生的背景，也正是市场的需求，有以下三点。

一是内容电商的崛起：以罗辑思维为代表的内容电商，在 2017 年利润过亿，拟于 2018 年申请 A 股 IPO，让知识付费开启上市之路。而得到 APP 中的专栏作家，年薪十万、百万、千万元的文字作家不计其数，如李笑来、李翔等。

二是写作时代的来临：头条号、公众号等新媒体平台的兴盛，让写作迎来了全新的春天，文案写作蓬勃生长，以咪蒙为例，每天一条的写作，坐拥 1000 多万的粉丝，赢利上千万元。周冲的影像声色公众号，以写文章为主，每年接的广告收入数百万；公众号 Spenser 开设写作课，每次课程也有上百万元收入。

三是文字价值的惊艳：从爆文到爆款，文字的价值已不仅仅是记录，还有了互联网时代最为宝贵的功能之一——连接，文字的一边连接着读者的喜爱，另一边连着企业的目标，文字成了一桥座，商业变现之桥，如"小小包麻麻"通过多款阅读量 10 万多的爆文，实现爆款营销 3000 万元。

文案写作成了各大新媒体平台的主要呈现方式，但图书市场的文案图书，也数不胜数，竞争激烈，如何再策划一本书，杀出红海，赢得广大头条号、公众号文案写手的青睐？

经过笔者长时间的调研和思量，借用中国一句大道至简的话，来破冰策划：天下大事，必做于细，做于专。

一是做细：从文案写作更加细致和细分的角度，精选四个点切入"爆款标题 + 内容生产 + 广告营销 + 排名优化"，差异化和优异化同类图书，特意策划了《10W+ 新媒体文案炼成记：爆款标题 + 内容创作 + 广告营销 + 排名优化》这本书。

二是做专：专注、专门精选市场上对文案写作需求量大的五大领域和平台：微信、微商、电商、APP、头条号，进行文案深度写作实战，特意策划了配套的《10W+ 新媒体文案炼成记：微信、微商、电商、APP、头条号软文实战》。

两本书不同的产品定位，一个偏细、一个偏专，一个偏技巧、一个偏案例，互补互成。

本书内容

本书主要分为四大模块，每个模块的内容各司其职，不仅是重点，同时还是亮点，具体内容如图所示。

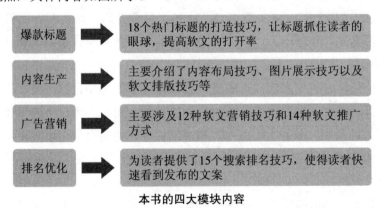

爆款标题	➡	18个热门标题的打造技巧，让标题抓住读者的眼球，提高软文的打开率
内容生产	➡	主要介绍了内容布局技巧、图片展示技巧以及软文排版技巧等
广告营销	➡	主要涉及12种软文营销技巧和14种软文推广方式
排名优化	➡	为读者提供了15个搜索排名技巧，使得读者快速看到发布的文案

本书的四大模块内容

📃 本书特色

一本书要想吸引住读者的眼光，必定要有它的过人之处，特色亮点是一本书的灵魂所在，而本书的特色则有以下四点。

（1）分板块：将内容分为四大板块，即爆款标题、内容生产、广告营销以及排名优化，条理清晰、层次井然。

（2）垂直化：本书从文案编写的标题、内容、图片、版式、营销、推广以及排名优化方面一站式进行全面、深入的讲解，让读者一看就懂，一目了然。

（3）详细化：内容涉及打造爆款文案的方方面面，比如写作技巧、内容布局方法、软文形式、配图秘籍、排版诀窍、营销窍门以及推广的不同平台等。

（4）重变现：全书用了三个章节专门讲解如何利用软文营销、如何推广软文以及如何提升软文的搜索排名等，为大家提供了文案变现的思路。

📃 读者反馈

本书由文能载商编著，参与编写的人员还有罗嘉蕾、刘胜璋、刘向东、刘松昇、刘伟、卢博、周旭阳、袁淑敏、谭中阳、杨端阳、李四华、王力建、柏承能、刘桂花、柏松、谭贤、谭俊杰、徐茜、刘嫔、苏高、柏慧等人。由于编者知识水平有限，书中难免有错误和疏漏之处，恳请广大读者批评、指正。

目录 ▶ Contents

第1章

这10个案例先行，学习百万级阅读量
文案的写作技巧

第4章

这18个标题技巧，决定了你文章的点击率

第5章
这13招内容布局，决定了你文章的点赞率

第8章

这12个营销技巧，是10W+阅读量软文
写作高手不愿告诉你的

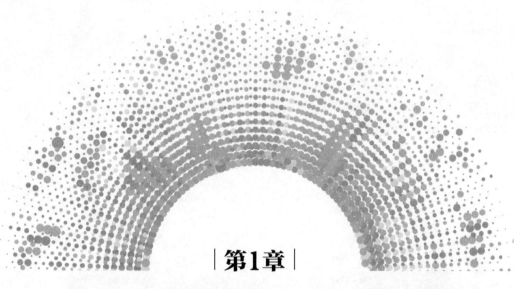

| 第1章 |

这10个案例先行，学习百万级阅读量文案的写作技巧

人人都在谈爆款，爆款文案也是朋友圈乃至各大新媒体平台备受瞩目的产品，为什么他们能写出百万级阅读量的文案呢？这些百万级阅读量的爆款文案又有哪些过人之处呢？本章要讲述的就是这些席卷新媒体平台的爆款文案究竟是如何吸引读者眼球的。

- 001 收获感动：《谢谢你爱我》，阅读量 5000W+
- 002 以"爱"之名：《我如此爱你，我怎能放弃……》，阅读量 4000W+
- 003 引发共鸣：《如何假装成一个好妈妈？》，阅读量 1400W+
- 004 创意解析：《感恩节，杜蕾斯一口气"调戏"了 13 个品牌》，阅读量 900W+
- 005 击中痛点：《我那些从不埋单的公务员同学》，阅读量 800W+
- 006 趣味热点：《第一批"90 后"已经出家了》，阅读量 630W+
- 007 图文并茂：《百雀羚神广告又来了》，阅读量 400W+
- 008 漫画问答：《他们谈爱时不讲道理》，阅读量 400W+
- 009 制造冲突：《共享单车，真的是一面很好的国人"照妖镜"》，阅读量 330W+
- 010 悬念设置：《登上珠峰，你究竟会看到什么？》，阅读量 300W+

这10个案例先行，学习百万级阅读量文案的写作技巧 👤

001 收获感动：《谢谢你爱我》，阅读量5000W+

很多做自媒体的人，或多或少都会产生这样一些疑问："为什么我辛辛苦苦写的原创文章，没有人关注？为什么我坚持每天发文，粉丝数还是停留在两位数？为什么别人轻轻松松就能获得百万的阅读量，一篇文章吸粉无数？"

昼夜不停、伏案疾书，阅读量和粉丝数量还是少得可怜，那么，我们在打造文案的时候，究竟应该怎么做，才能吸引读者的注意力，让他们毫不犹豫地转发、点赞呢？我认为最为重要的是抓住用户的需求，如"感动"。

以微信公众号"视觉志"于2017年9月14日推出的《谢谢你爱我》为例，如图1-1所示，为文案的部分内容。这篇文案一出，立马就引发了病毒式的传播，在朋友圈形成了席卷之势，一时之间风靡各大新媒体平台，引起了广泛的注意。

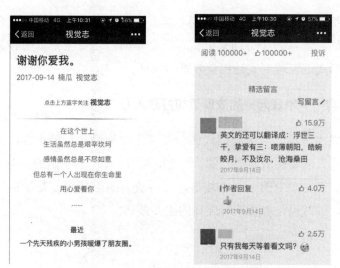

图1-1 《谢谢你爱我》的内容展示

这篇文案的阅读数据和涨粉数量也是让人目瞪口呆，17 小时阅读量达到 1500 万，21 小时阅读量 2300 万，4 天之内阅读量突破 5000 万。

仅凭这一篇文章就吸引了 65 万的粉丝，这样的数据在行业内可以称得上是一个不小的创举。从图中以万计数的评论点赞量也可以看出，这篇文案确实火得一塌糊涂，真正戳中了人们的痛点。

一不小心打造出了爆款，这是写这篇文案的小编也没有想到的，据说当文案的阅读量突破千万后，视觉志的老板还特意奖励了小编一台 iPhone X。

技巧解析

那么，是什么促使"视觉志"的这篇文案达到千万阅读量的级别呢？虽然互联网上阅读量达到 10W+ 的文案数不胜数，但想要达到上千万的阅读量，还是有一定的难度的。这篇文案的取胜技巧何在呢？总的来说有如图 1-2 所示的 3 个原因。

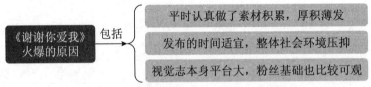

图 1-2　《谢谢你爱我》火爆的 3 个原因

这些都是文案火爆的客观原因，那么，从文案本身来看，它究竟好在哪里呢？我们可以从两个方面来分析：一个是内容，文案是以内容为王的；另一个就是形式，表现形式是视觉效果的保证。

1. 内容——串联起来的故事更加打动人心

我想以"感动"为中心词来谈一谈《谢谢你爱我》的内容，文案基本上都是围绕令人感动的故事展开的，选题很不错，在情感氛围的营造上很用心。图 1-3 所示为文案中的一个小故事，以讲故事的形式写作是这篇文章最为显著的特色，同时也是抓住读者眼球的主要技巧。

这 10 个案例先行，学习百万级阅读量文案的写作技巧

图 1-3　讲故事

　　每讲完一个故事，该文案还会突出一个重点的句子，并且总结出相关的感悟，比如"虽然我的也不多，但永远都给你留一半"、"真正的爱是无声的，或许不会有太多的甜言蜜语，但他一定会做很多爱你的事"。这些句子在无形之中引发了读者的情感共鸣，从而为文案的转发起到了不小的推动作用。

　　在选材上，这篇文案也大有讲究，不仅是紧扣主题"爱和感动"，而且还精心选取了不同类型的小故事，比如英语老师写给老婆的情书、小猫对小狗的照顾以及小狗之间的纯真友谊等，如图 1-4 所示。

图 1-4　不同类型的故事

专家提醒
ZhuanJiaTiXing

在讲故事的过程中，还借用了名人名言来总结，比如"罗兰夫人曾说：接触的人越多，发现自己就越喜欢狗。而这世间最温暖的事莫过于：无论你遭遇何种困难，总有一人对你不离不弃。"

名人名言总会给人一种值得信赖的感觉，而且还为文章增加了含金量。在呼应主题的时候，引用恰当的名人名言，可以留下深刻印象。

这篇文案的高明之处还在于素材之间的联系十分紧密，能持续抓住读者的心理，而且文章的开头、故事与故事之间的过渡以及文章的结尾都是环环相扣、相互印证的。虽然这篇文章是由多个素材整理而来的，但它的整合工作做得很到位，导入开门见山、缓缓道来，中间承上启下、诱发欲望，结尾呼应主题，是点睛之笔。

一篇文案好不好，内容是首要，在内容之中结构又是重中之重。因此开头、正文以及结尾都要井井有条，精心打造，不能落入俗套，也不能偏离主题。

2. 形式——简洁大方的图文搭配是关键

《谢谢你爱我》在视觉效果的打造上是以简洁的文字和相关的图片组合为主的，它遵循的原则就是简洁，没有花哨复杂的排版，力求精简。而且图片的形式也与内容相关联，除了常规的静态图片，还用到了富有活力的GIF图。

在文字的大小和颜色上，它也花了不少心思，采用大小适中的字号，将故事的内容和总结的句子用黑色和灰色的字体区别开来，以及重点突出的字眼用其他颜色标注等，如图1-5所示。

图1-5 字体颜色和重点突出

这 10 个案例先行，学习百万级阅读量文案的写作技巧 👤

这些形式上的精心打磨，为读者带来了舒适的视觉体验。连这么微小的细节都能注意到，也难怪这篇文案突破了 5000 万的阅读量了。

002 以"爱"之名：《我如此爱你，我怎能放弃……》，阅读量 4000W+

有的媒体人在发文之前，总是会陷入怎么选出读者想要看的内容的困境，也就是如何选题。实际上这不仅仅是一个两个媒体人的困惑，也是广大自媒体从业人员的共同心声，可能有的时候苦思冥想、东拼西凑，也无法写出一个满意的选题。就算勉强写出文案，效果也可能不是那么尽如人意。

那么，什么样的选题能够引起读者的共鸣、击中他们的痛点呢？通常情感类的话题比较能够吸引人，而且也容易传播开来。以"爱"之名，打造爆文。

案例展示

"视觉志"在打造爆文这方面确实值得学习，在一个月时间之内就发出了两篇阅读量达到千万级别的文案，它在 9 月 20 日发布的《我如此爱你，我怎能放弃……》一文紧跟《谢谢你爱我》的步伐，获得了 4000W+ 阅读量的傲人成绩。图 1-6 所示为文案的开头与评论页面。

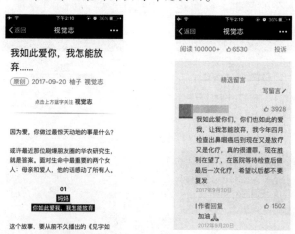

图 1-6 《我如此爱你，我怎能放弃……》开头与评论页面

评论区的留言也充满了温情与感动：有着相似经历的读者留下的评论、作者的真诚回复，以及其他读者的鼓励，营造了一种感人至深、爱意环绕的氛围。以"爱"之名，伴君同行。

技巧解析

同样是走的情感路线，同样是以"感人"为目的，《我如此爱你，我怎能放弃……》和《谢谢你爱我》不同的地方就在于它不是素材的整理，而是以热门节目中的故事为依托，写出属于你我他的亲情、爱情故事。

这篇文案有三个亮点，同时这也是它能够在众多的情感类文案中脱颖而出的重要原因，下面为大家一一道来。

1. 结构井然有序，一切因爱而起，以爱而终

《我如此爱你，我怎能放弃……》从标题上就可以看出作者的良苦用心，一句话囊括了文案的内容，而省略号更是让人联想到更多，成功地吸引起读者的好奇心。"爱"是整篇文案的核心，也是作者想要传达的主要元素。

文案的开头，则是以问句的形式呈现："因为爱，你做过最惊天动地的事情是什么？"看到这里，很多人可能都会陷入沉思，但紧接着，它又给出了回答，指引你走进主人公的故事之中。

正文是故事的讲述，在讲述的过程中采用的是分板块的形式，用两个小标题概括了主人公的故事，同时也牢牢扣住主题，如图1-7所示。

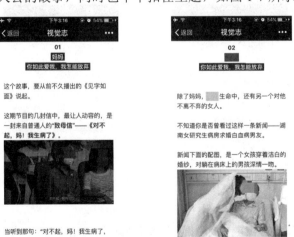

图1-7　分板块展示故事内容

结尾呼应主题，如图 1-8 所示，"我如此爱你们，我怎能轻言放弃"这一句话贯穿了全文，同时又对这个故事背后的情感进行了更为深刻的剖析，上升到了人类的情感层次。结尾对主题的呼应是基础，而升华主题、总结经验则是亮点所在。

图 1-8　结尾页面展示

2. 内容选取时下热点：《见字如面》的"爱"

文案的故事内容来自近来比较热门的书信朗读节目——《见字如面》，这一档节目虽然不能算作是爆款节目，但也成功地吸引了不少观众的注意，使得文字和信件再次受到人们的重视。作者从这个节目出发，选取了其中一封信件的主人公的故事为文案素材，好处体现在如图 1-9 所示的 3 点。

图 1-9　选取信件主人公的故事的好处

在撰写文案的时候，"热点"是重头戏，但需要注意的是，也不是什么话题热就往哪里钻。在"热"的同时还要找准绝大多数的读者的需求，找需求的过程是不容易的，但是不找肯定是无法引起广泛注意的。《我如此爱你，我怎能放弃……》的作者在选题的时候，就兼顾了"热点"与"需求"两点，因此大获成功。

3.多样的形式，全方位展示细致的故事内容

文案的形式虽然不是最重要的，但也不是毫无作用的，杂乱无章的排版很有可能毁了一篇价值不菲的文案。《我如此爱你，我怎能放弃……》一文选择了多姿多彩的展示形式，静态图片、GIF 图以及短视频等，如图 1-10 所示。

图 1-10　穿插多种表现形式的文案

虽然形式多样，却没有影响文案的整体效果，因为编排得比较合理，就连文字之间的距离也是根据读者的视觉体验而设置的。

专家提醒
ZhuanJiaTiXing

除以上几点外，这篇爆款文案还用加粗字体突出重点内容，比如主人公母亲说的话"只要人活着，其他都不重要"，一句简单朴实的话道出了天下所有母亲的心声，也是这样的字句，使得不少读者为之落泪。

003　引发共鸣：《如何假装成一个好妈妈？》，阅读量 1400W+

是不是阅读量爆棚的文案都要有深厚的文字功底和文化底蕴呢？答案是

否定的，至少不能百分百的肯定，因为不是所有的文案都是依靠单纯的文字吸睛的。

尤其需要注意的是，在自媒体行业，文案的打造方法太多了。你可以走一针见血的故事风格，也可以走温暖治愈的情感风格，从形式上来看，你可以以文字为主，图片为辅；以图片为主，文字为辅也是可行的。只要把你擅长的和读者的需求相结合，双方进行完美对接，那么文案的阅读量就会自然而然地噌噌地往上涨。

案例展示

以微信公众号"樱桃画报"为例，它在 2017 年 8 月 24 日推出了一篇《如何假装成一个好妈妈？》，如图 1-11 所示，一时之间在朋友圈掀起了不小的势头。

图 1-11 《如何假装成一个好妈妈？》的内容展示

带有争议性和逆反思维的标题为它吸睛不少，阅读量一路飙升，突破 1400 万。而在此之前，"樱桃画报"只不过是一个阅读量保持在 3 万左右、点赞量很少破千的账号。而这一篇文案就成功赚取了 1400W+ 的阅读量，各大微信公众号争相转载，如图 1-12 所示。

图 1-12　各大微信公众号转载《如何假装成一个好妈妈？》

《如何假装成一个好妈妈？》这篇文案从标题开始就已经在引起读者的注意了，一反常态，不按常理出牌。"好妈妈"的形象在大众的心里已经根深蒂固了，为什么要假装成一个好妈妈？这其中有什么蹊跷？而它的吸睛点远远不止如此，总的来说有如图 1-13 所示的 3 点。

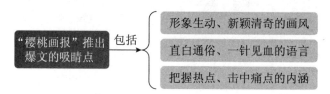

图 1-13　《如何假装成一个好妈妈？》的吸睛点

下面分别对这几点进行较为详细的讲解和分析。

1. 清奇画风，你不得不注意的图片

"樱桃画报"这一公众号本身就是以漫画为特色的，它推送的内容或多或少都会有漫画。不过值得注意的是，在《如何假装成一个好妈妈？》一文发布之前，"樱桃画报"的漫画都是比较简单的简笔画，如图 1-14 所示。

这 10 个案例先行，学习百万级阅读量文案的写作技巧 👤

图 1-14　"樱桃画报"之前的画风

可以看出，这个时候的画风是比较偏于简单、清新的，但在《如何假装成一个好妈妈？》一文中的画风就完全变了，偏向于清奇，与我们儿时课本上的插画风格如出一辙，如图 1-15 所示。

图 1-15　《如何假装成一个好妈妈？》的画风

这样的画风不仅使人物形象更加生动立体，而且也带给了读者与众不同的新鲜感。读者可以从图片中获得片刻欢愉，图片成功博得读者一笑。"创新、幽默"是这一画风的关键，同时"樱桃画报"也掌握了人们的喜好需求，了解到清奇画风对于读者的吸引力是无法抗拒的。

2. 直白语言，"话糙理不糙"的风格

在《如何假装成一个好妈妈？》一文中，语言风格也是不走寻常路，一改以往妈妈们在人们心目中的形象。文案通过采访的形式来呈现人物形象，直观生动，同时内容也是简单明了，字字珠玑，一针见血，如图 1-16 所示。

图 1-16 《如何假装成一个好妈妈？》的语言

关于如何看待男人带孩子的问题，文案中被采访的妈妈用"好的、但是"这两个词承上启下，对比回答，说出了不少妈妈们的心声，也是对社会上的一些现状的映射。简单的话语，却深得人心。

专家提醒
ZhuanJiaTiXing

文案抓住了不同年龄阶段、不同类型的人群的情感共鸣，比如忙于带孩子的宝妈能对文章中的观点感同身受，而还没有生孩子的少女们看了这篇文章则选择继续"做梦"，奶爸们也可从文章中窥到一些自己的影子。这就是它的高明之处，涵括了比较广的人群范围，从而形成井喷之势。

3. 精准内容，巧妙掌握读者的心理

《如何假装成一个好妈妈？》一文的"装"字在内容里有几处体现，颇

有深意，如图 1-17 所示。

图 1-17　"装"的内容体现

一个"装"字道出了多少妈妈的心声，虽然也有些许戏谑和夸张的成分在里面，但显而易见的是，这样的方式更能广泛吸引注意力，获得目标人群的认同，成功赢得妈妈们的心。

除此之外，文中关于女性对工作和家庭的把握、二胎政策的讨论等都击中了人们的心理痛点，引发了众人的热议。

004 创意解析：《感恩节，杜蕾斯一口气"调戏"了 13 个品牌》，阅读量 900W+

写不出有创意的文案？文案背后还有文案？如何从优秀的文案中借鉴经验？很多自媒体可能本身就是专攻如何打造文案的，这个时候，对好的文案进行分析也可以成为爆款文案。

当然，好的文案一定要具备新、热、趣三个特点，否则分析的意义不大。如果你觉得讲故事不是你擅长的，那么不妨可以试试这种"文案中的文案"的方法。

案例展示

《感恩价，杜蕾斯一口气"调戏"了13个品牌》一文就是"文案中的文案"典型，在感恩节当天，杜蕾斯官方微博从上午10点开始@各大品牌，做借势文案，这一现象引起了广大网友的关注。而休克文案则敏锐地抓住了这一热点，将杜蕾斯的文案整理成文，打造出了阅读量突破900万的文案。

如图1-18所示，为休克文案就杜蕾斯"调戏"各大品牌而发布的文章《感恩节，杜蕾斯一口气"调戏"了13个品牌》的开头和评论部分内容。

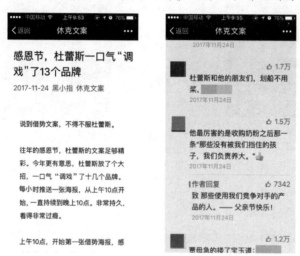

图1-18　《感恩节，杜蕾斯一口气"调戏"了13个品牌》的开头、评论页面

阅读量达到900多万，点赞量破万，此篇文案的火爆程度可见一斑，十分简洁的文案整理分析，为何休克文案能够获得这样的成就呢？

技巧解析

此篇文案成为爆款并不是偶然，休克文案懂得怎么打造文案，同时也知道怎么分析文案。为什么唯独就这篇"文案中的文案"火了呢？分析其原因，有如图1-19所示的3点。

那么，从休克文案分析文案、从而打造文案的角度，我们在打造爆款文案时又可以借鉴它的哪些经验呢？下面进行详细分析。

这 10 个案例先行，学习百万级阅读量文案的写作技巧

图 1-19　文案火爆的主要原因

1. 分享，那些关注度高的热点

休克文案选择杜蕾斯的文案作为分析案例，无非是看中了它的热度和质量，好的东西需要分享，文案也是如此。杜蕾斯刚出了与各大品牌互动的借势文案，休克文案紧接着就对其进行了整合分析，可以称得上是趁热打铁，一刻也不耽误。

休克文案本着"分享"的原则打造文案，目的是让读者受益，站在读者的角度想问题，这也是它的优势所在。如图 1-20 所示，为休克文案的结尾部分，一是表达了对杜蕾斯文案的赞赏和钦佩，二是向读者们顺势推荐文案的相关课程，既打造了爆款文案，又能够收获粉丝和利润，一举两得。

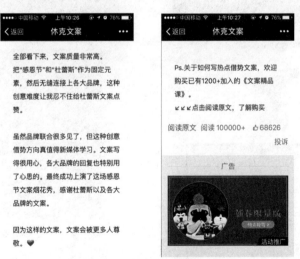

图 1-20　文案的结尾部分内容

2. 需求，那些人们都感兴趣的

分析杜蕾斯的文案一出，人们首先被吸引的就是"调戏"二字，而"13个品牌"同时也是读者感兴趣的，"究竟是哪 13 个品牌？杜蕾斯又是怎么'调

戏'的？"标题成功勾起了读者的好奇心，特别是那些还没有接触到杜蕾斯文案的读者，就更想要点进来一探究竟了。

充满悬念的标题是爆款文案的常规打造手法，每个人都存在不同程度的好奇心理，对于未知的事物充满向往，文案也是如此。一语道破的标题固然能够点明主题，但显然缺乏吸引力。

专家提醒
ZhuanJiaTiXing

休克文案利用这一点，成功把握了读者的心理需求，杜蕾斯的文案是有趣的，充满内涵的。因此，你在选择主题的时候，切记站在读者的角度看问题，了解读者想看什么。始终牢记一点：写文案不是写自己擅长的就好了，而是要写读者想看的，感兴趣的。

此外，在版式的设计上，休克文案也力求简洁大方，尽量展示清晰的图片，以简洁的文字作为陪衬。如图1-21所示，为绿箭口香糖和美的电饭煲被"调戏"的内容。

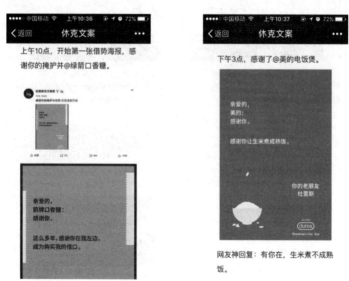

图1-21　杜蕾斯文案的相关展示

在内容的设计上，休克文案不仅罗列出杜蕾斯的一系列"调戏"其他品牌的文案，而且还挖掘出有趣的网友评论，一同分享给读者。就连被"调戏"的品牌回应杜蕾斯的文案也列举了出来，如图1-22所示，为飞亚达手表与杜蕾斯的互动文案。

这10个案例先行，学习百万级阅读量文案的写作技巧 👤

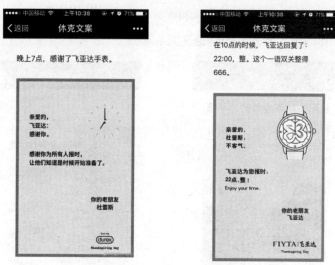

图 1-22　杜蕾斯与飞亚达手表的文案互动

兴趣，是最好的吸睛点，精准的需求契合兴趣更为重要。如果找到了热点，最好还要验证是不是读者想要看到和分析的热点，将热点与读者的切身需求结合起来打造文案，这才是爆款文案的重点。

005　击中痛点：《我那些从不埋单的公务员同学》，阅读量 800W+

爆文的诞生大多数都是情感共鸣促成的，要想形成病毒式的传播效果，让文章在各大媒体平台疯传，抓住痛点是必不可少的。很多爆文在选题的时候就已经注意到了这一点，不仅是热点，还要是痛点。

洞悉人心，准确把握，从情感需求出发，必定能引发共鸣和讨论，这是打造爆款文案的首选。那么，如何寻找痛点呢？读者有哪些痛点呢？

2017 年 8 月 20 日，一篇名为《我那些从不埋单的公务员同学》的文章一经推出，就刷爆了朋友圈。仅发出一天，就获得了 4 万多的点赞量，浏览量也在短时间内爆棚，轻松突破了 800 万。如图 1-23 所示，为《我那些从不埋单的公务员同学》的开头和评论页面展示。

图 1-23　《我那些从不埋单的公务员同学》开头和评论页面

专家提醒
ZhuanJiaTiXing

　　"张先生说"本来只是一个粉丝基数不超过 5 万的微信公众号，但推出几篇爆文后，粉丝上涨的速度令人咋舌。截至目前，根据新榜平台的数据显示，"张先生说"的活跃粉丝数量已经达到了 100 万，由此可见，爆文吸粉的力量之强大。

技巧解析

　　那么，是什么造就了这么一篇引起众人热议的文案呢？是"张先生说"对选题的敏感度，是观点内容的新颖奇特，还是题材刚好触碰到了社会热点和群体痛点？《我那些从不埋单的公务员同学》一文之所以能取得 800 多万阅读量的成绩，与对痛点的把握是分不开的，我们可以从这一点，来分析这篇文案。

1. 冲突性标题，戳中目标人群痛点

　　看《我那些从不埋单的公务员同学》一文，首先映入眼帘的就是标题，

这 10 个案例先行，学习百万级阅读量文案的写作技巧

而它一开始就给我们留下了深刻的印象和疑问："为什么公务员同学从不埋单？"、"作者的情感态度倾向于什么？"这样的标题是爆款文案的标配，它的特点主要体现在如图 1-24 所示的 3 个方面。

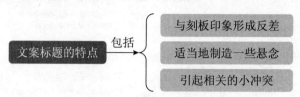

图 1-24　文案标题的特点

人都是有好奇心的，这种好奇心正是激发人形成某种行为的原动力，比如标题制造了悬念、冲突以及对比，那么人们就会忍不住想要进入文章查看究竟是写的什么，表达了什么观点。"张先生说"这一篇文章的标题成功地吸引了读者的好奇心，促使无数人打开文章，自愿贡献了阅读量。

而文章标题中的"公务员"字眼也是针对目标人群放进去的，成功地吸引了广大公务员群体的关注，同时还引得大众对于公务员这一特定群体的广泛讨论，这也是痛点所在。

2. 接地气正文，字字命中读者心声

《我那些从不埋单的公务员同学》的正文写作方式是以讲故事为主，同时还结合了作者的亲身经历、感受，讲述的都是身边的同学、朋友的真实故事，因此显得分外地平易近人，拉近了与读者的距离。

专家提醒
ZhuanJiaTiXing

在讲故事的时候，一般有两种方式，一种是第一人称讲述，讲的都是身边的人的故事；另一种是第三人称讲述，以全局的视角讲述故事，多是虚构的人物。两种方式各有千秋，不过，第一人称讲述更有代入感，特别是情感类的内容，讲述起来更加容易打动读者。

"张先生说"的这篇文章讲述的主人公是"公务员"，从自己身边的朋友讲起，分为四个片段，一共提及了三个公务员朋友的故事，从不同的角度写出了自己对公务员这一群体的敬佩和尊重。图 1-25 所示为文章的部分正文展示。

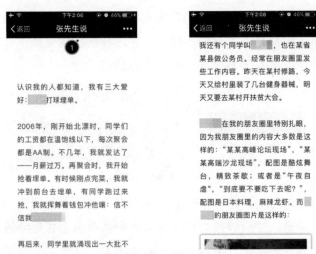

图1-25　《我那些从不埋单的公务员同学》的部分正文

虽然众多读者对这篇文案褒贬不一，有的认为写出了广大公务员的心声，有的则称对于文中的观点不敢苟同，公务员也是一份职业，和其他的职业一样需要承担应有的责任，无须区别对待。值得注意的是，这篇文章已经成功引起了读者的注意，热烈的讨论和争议是在所难免，这也是爆文的基本要素之一。

006　趣味热点：《第一批"90后"已经出家了》，阅读量630W+

一般而言，文案的热点是紧跟着社会的热点的，而社会的热点又是围绕人产生的。当不知道怎么找热点的时候，可以多多观察身边的人、社会中的人，看看大家共同关注的都是什么。

网络上的流行词、创新的新闻标题都有可能隐藏着大众关注的趣味热点，只要用心寻找，就很有可能找出爆款的选题。

随着"90后"、"丧文化"以及"佛系青年"等词语的流行，关于"90后"

的话题层出不穷，"90后"似乎已经成了人们津津乐道的一大群体。而"丧文化"的兴起，不仅让众多网友经常念叨关于佛系的内容，而且在微博等媒体平台也掀起了不小的浪潮。像"佛系"、"佛系青年"、"丧文化"等都已经形成了相关的兴趣页，如图1-26所示，为新浪微博上关于佛系青年的话题页。

图1-26　新浪微博的"佛系青年"话题页面

　　针对这一现象，"新世相"推出了《第一批"90后"已经出家了》一文，如图1-27所示，为文章的开头和评论页面。此文一出，各大微信公众号纷纷转载，朋友圈也开始传播开来，一场以"90后"为主题的"佛系流感"侵袭了各大新媒体平台，随处可见的是网友的自嘲，以及自嘲中的小乐观。

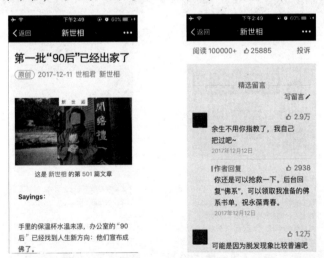

图1-27　《第一批"90后"已经出家了》的开头和评论页面

630万的阅读量，数以万计的点赞量，"新世相"又一次突破了自己，再次打造出了百万级别阅读量的文案，成功稳住了自己的地位，并得到粉丝的信赖和喜爱。

对趣味热点的把握、固定人群的锁定以及契合读者需求的讲述方式，为《第一批"90后"已经出家了》一文带来了流量，奠定了爆款的基础。那么，这篇爆款文案究竟是如何打造的呢？

1. 不同的故事里，藏着不同的"佛系"

《第一批"90后"已经出家了》的标题就已经点明了文章的内容，十有八九离不开"佛系"一词，"新世相"一贯的写作方式是对不同的人进行采访，以人为中心来讲故事，这篇文章也不例外。

通过采访不同年龄阶段的"90后"，从"朋友圈"、"乘客"、"恋爱"、"健身"、"食客"、"交友"、"养娃"、"购物"以及"员工"等不同的角度讲述不同的"90后"佛系故事。图1-28所示为"佛系朋友圈"和"佛系乘客"故事的内容页面。

图 1-28　《第一批"90后"已经出家了》的部分正文

相同的佛系"90后"，有着不同的佛系故事，这些故事分散来看是不同的人的故事，但结合起来看实际上就是所有"90后"的共同故事。每一个"90后"，可能都与故事中的人有着相同的经历和心境，这就是文案引起读者情感共鸣的点。

专家提醒
ZhuanJiaTiXing

这样分片段写文案的方式除了能够从不同角度凝聚内容，还能给读者一种条理清晰、内容丰富的感觉，以至于读完整篇文案有一个总体印象，从而受到较为长久且深远的影响。

2. 每个故事，都有佛系青年的"金句"

"新世相"在讲述每个故事的时候，都通过加粗字体的方式凸显了那些佛系青年的"金句"，以便与主题呼应，如图 1-29 所示。

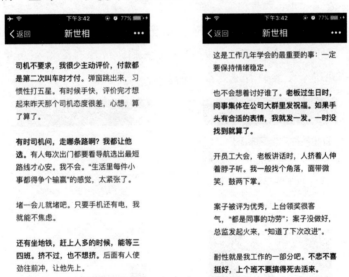

图 1-29 重点突出与主题呼应的句子

"新世相"打造的《第一批"90后"已经出家了》这一爆款文案，紧扣社会热点，面向"90后"这一庞大的群体。文案推出之后，有的"90后"表示自己并没有进入佛系阶段，甚至有的"80后"也评论说："'80后'已经涅槃了"。各种各样的议论此起彼伏，成功带动了这一热点，继而迈向更高的热点之巅。

007 图文并茂：《百雀羚神广告又来了》，阅读量400W+

在形式内容日益丰富的自媒体时代，文字已经不再是唯一的表现形式了，图片、GIF 图、语音以及短视频等形式开始霸屏，或双双联手，或一齐上阵，表现形式异彩纷呈。

满屏都是文字的文案形式比较容易遭到读者的反感，尤其是你的内容还不是那么精彩的时候。如果能够懂得恰当地利用图片、语音以及短视频等形式来展示内容的话，阅读量就会更容易上涨。

微信公众号"4A 广告门"发布的《百雀羚神广告又来了》在短时间之内就成为爆款，吸引了 400 万的阅读量，点赞量也是居高不下，如图 1-30 所示。一时之间，众多网友都被百雀羚的广告给洗脑，纷纷在微信公众号留下赞赏的评论，可见这个文案的打造是成功的。

图 1-30　《百雀羚神广告又来了》的开头和评论页面

"4A 广告门"一直致力于分享有创意的广告，而且关于百雀羚广告的分享也不是一次两次了，如图 1-31 所示，为其推出的百雀羚广告的文案。

这 10 个案例先行，学习百万级阅读量文案的写作技巧 👤

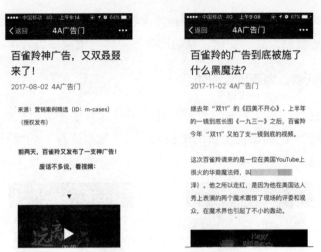

图 1-31　关于百雀羚广告的文案

为什么单单就这一个神广告的文案获得了大众的广泛关注，成为刷屏级的爆款呢？这其中的原因可以从两方面来分析，下面详细介绍。

1. 长图形式，创新视觉效果

百雀羚这次的广告文案不同于往常的经典图文表现形式，而是富有故事性、情节性的长图，更加适合手机屏幕，为读者带来了非同一般的视觉体验，富有创意，如图 1-32 所示。

图 1-32　百雀羚广告文案的部分展示

这种在内容表现形式上的微创新为文案注入了新的活力，让读者在接受内容的同时感受到形式的变化，从而产生不一样的阅读体验。

2. 复古元素，为画风添韵味

在打造这篇广告文案时，设计者还为图片加入了富有时代特色的元素，如图 1-33 所示，比如街上卖报的男孩，还有"鸳鸯洋行"的牌匾，都饱含浓浓的历史气息。

图 1-33　百雀羚广告文案的复古画风

百雀羚是一个拥有 86 年历史的国货品牌，它拥有着国外品牌所无法拥有的时代优势和地域优势，同时也能够很好地调动受众的怀旧心理。这篇广告文案的画风洋溢着满满的民国风，旗袍、裁缝铺、洋行以及海派西餐等，这些富有特定时代元素的场景很容易唤起读者的关于历史和文化的回忆，从而对品牌产生好感。

008　漫画问答：《他们谈爱时不讲道理》，阅读量 400W+

随着内容形式的不断发展变化，很多情感类的文案也开始采用漫画的形式呈现，而且不单单局限于漫画，问答这一形式也可以融到漫画之中，从而起到吸睛的作用。漫画也可以讲故事，而且与常规的文字叙述相比，漫画式的讲故事更加直观生动，容易将读者带入情境。

2017年8月27日，七夕的前一天，"人物"微信公众号携手匡扶摇推出了《他们谈爱时不讲道理》，如图1-34所示。该文一经推出，就引起了朋友圈不小的轰动，阅读量飙升至400W+，读者也纷纷在评论区留言、互动。

图1-34　《他们谈爱时不讲道理》的开头和评论页面

这篇文案名为爆文，实则是由漫画的形式展示在读者面前的，而且值得注意的是，它还采用了漫画问答的方式。这就是它出众、让众多读者为之倾倒的原因。图1-35所示为《他们谈爱时不讲道理》的部分内容。

问答的形式很新颖，也是一种讲故事的手法，而且问的方式都是从生活中的小事入手，细致而深刻地展示了情侣之间的日常。提问之后，基本上都会接有答案，但这里的答案都不按常理出牌，套路基本上不管用，因此这一点也是此篇文案能够脱颖而出的原因之一。

图 1-35　《他们谈爱时不讲道理》的部分内容展示

专家提醒
ZhuanJiaTiXing

　　很多时候可能痛点、热点没有变，比如情侣间的问题、如何相处以及什么是爱等，但如果呈现的方式不同，就很有可能形成不一样的效果。文字能够引起共鸣，漫画问答能够带来新鲜感，因此，在打造爆款文案的时候，准确地把握趋势是至关重要、必不可缺的。

009 制造冲突：《共享单车，真的是一面很好的国人"照妖镜"》，阅读量 330W+

　　悬念、冲突以及对比是文案能够火爆的三大关键要素，这三大要素其实有着共同的特征，那就是能引起人们的好奇心理。为什么这么说？这其中有什么故事？隐藏了什么深意？如果一篇文案朴实无华、稀松平常，我们就会很难提起阅读它的兴趣，那么，爆文也就无从谈起了。

　　因此，在标题上制造冲突是很多爆文的共性，一篇好的文案，就需要从"头"

开始，悉心打造。

案例展示

　　共享单车从2017年开始大热，随着各式各样的共享单车的兴起，一些问题也开始跟着凸显。就此热点，一篇《共享单车，真是一面很好的国民"照妖镜"》横空出世，引起了不小的轰动，也使得人们开始深思关于道德和素质的问题。图1-36所示为文案的部分内容页面。

图1-36　《共享单车，真是一面很好的国民"照妖镜"》的部分内容页面

　　简单的文字陈述，丰富的图片素材，成就了一篇阅读量达330万的爆文，同时也反映了不少的社会问题，引起大众的热议。

技巧解析

　　是什么造就了这篇文案的热度呢？深入分析，就会发现，这篇文案之所以成为爆款，是大有原因可寻的。下面详细分析。

1. 热点＋冲突，标题要取好

　　"共享单车"本身就是社会的热点，作为热点，肯定也就有问题。文章选取这个作为对象，就是选取了大部分人群都了解的热点，因此就比较容易得到广泛的关注。而标题之中，不仅包含了"共享单车"这一热点，而且还巧妙地设置了冲突："国民照妖镜"一词，尖锐深刻，一针见血地戳中了问题的中心。

而这个问题，又进一步勾起了读者的好奇心理，为什么这样说呢？共享单车到底反映出了什么问题？这些问题有这么严重吗？于是，这个时候，读者们就成功地"上钩"，开始点击进来认真阅读文章了。这就是标题的魅力。一篇文案的首要重心当以放在标题为妙，当然，正文的内容也是不容忽视的。

2. 图片 + 文字，正文要简洁

《共享单车，真是一面很好的国民"照妖镜"》的正文整体是很简洁的，大量的图片素材的罗列和简单的文字描述，让这一热点问题在大众面前一览无遗，如图 1-37 所示。虽然比较简单，但也是客观地陈述事实。

图 1-37　《共享单车，真是一面很好的国民"照妖镜"》的正文部分内容

爆款的文案有时候可能不需要太华丽的文笔，也不需要高质量的配图，富有冲突性的标题搭配客观、有热度的内容就能轻松吸引读者的眼球。总而言之，热点还是重中之重。

010 悬念设置：《登上珠峰，你究竟会看到什么？》，阅读量300W+

大多数的爆款文案都是以能引起共鸣的话题为主。一般而言，贴近日常生活的话题比较容易引起情感共鸣，但也不乏一些爆文另辟蹊径，成功引起读者的注意。不同内容的文案，也同样能引起相同效果的共鸣，这是爆文的共同特征。究竟怎样的文案能够博得广大读者的眼球呢？标题新颖？内容别出心裁？结尾出人意料？

案例展示

《登上珠峰，你会看到什么？》一文显然与情感热点类的文案有所不同，但它同样也得到了读者的青睐和关注。"星球研究所"是一个专注于探索极致风光的微信公众号，而这篇文案是它成立一周年的纪念版，如图1-38所示，为《登上珠峰，你会看到什么？》的开头和评论页面。

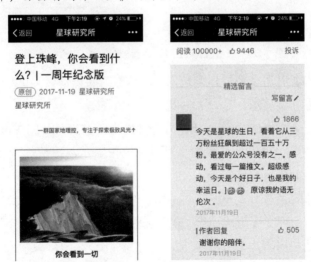

图1-38 《登上珠峰，你会看到什么？》的开头和评论页面

此文一经推出，就获得了300万阅读量的好成绩，从评论也可以看出来，文案的火爆并非偶然。每一篇都花了心思，得到了读者的欣赏和认可，因此粉丝不断上涨，恰逢一周年，这篇文章也一并走红。

技巧解析

《登上珠峰，你会看到什么？》之所以会成为爆文，原因在于标题带有悬念，内容有深意以及时机把握准。当然，在形式上也富有创意，如图1-39所示。

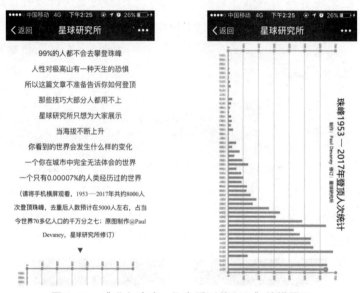

图 1-39 　《登上珠峰，你会看到什么？》的横屏图

为了向读者更加直观地提供数据，体验不同的视觉效果，"星球研究所"在文案中加入了横屏图，是一大创新。

此外，整个文案的内容是以登山的海拔为线索的，如图1-40所示，具体的海拔高度被专门用黑色显眼的大号字体突出显示，提醒读者注意旅途的变化，以免跟不上登山的步伐。

这种特殊的表达形式不同于讲故事，也不同于问答，而是专门针对探险、旅游而设计的一种文案形式。这种形式容易促使读者产生继续看下去的欲望，同时还很好地将内容串联在了一起，让人感受到攀登珠峰的所见之景和心路历程。

这 10 个案例先行，学习百万级阅读量文案的写作技巧 👤

海拔2840米

较低的海拔可以让你逐步适应，防止高原反
应

再加上因为常年接待登山者与游客
"现代化"的环境也会令你倍感舒适

你甚至可以在当地找到一家"星巴克"

（冒牌"星巴克"是卢卡拉的标志性咖啡馆，店标中
间也被换成了当地著名的山峰Ama Dablam，摄影
师@高承）

▼

接下来的

南池市场 （Namche Bazar）

海拔3440米

更是一派红尘俗世的模样

旅馆、餐馆、酒吧、邮局、银行

各种店铺一应俱全

它三面环山，房屋与田地层层错落

似乎你来到的不是珠峰脚下

而是中国云南贵州某个有着梯田的小山村

（南池小镇全景，摄影师@宋强/巅峰探游）

▼

图 1-40　《登上珠峰，你会看到什么？》的表达形式

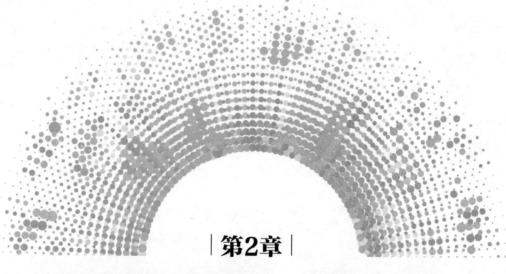

| 第2章 |

这10招写作技巧，是你十万级阅读量文案梦想起飞的翅膀

学前提示

　　写一篇文案不容易，写一篇十万级阅读量的文案更是难上加难。可是为什么有些人就能轻松写出十万级阅读量甚至百万级阅读量的文案呢？如果有无限的才华，但没有专业的写作技巧，是无法成功打造出十万级阅读量的文案的，只有掌握写作技巧，才能为文案插上翅膀。

要点展示

011 市场调研：写软文前先做好市场调研

常言道："没有调查就没有发言权"，调研的重要性不言而喻。如果想让软文同时做到一字千金和妙笔生花，那么调研是必不可少的，这是保证软文写作方向正确和内容精准的前提。只有经过了调研，才能预测微信、APP和自媒体平台推送的软文是否能准确地传达到目标用户群中，并最终达到预期的营销目的。

知识解析

一般说来，一些主观的设计、思想之所以存在，是因为它具有某方面的作用和价值。在进行调研之前，读者首先需要了解调研的基本概况，主要包括含义、作用以及方法等3方面的内容。下面详细对其进行介绍。

1. 含义——"调研"究竟所为何物

市场之所以有调研的必要，是因为基于市场因素和市场环境因素的市场总是处于瞬息变化的状态之下，这两方面的因素通常包括如图2-1所示的内容。

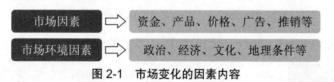

图2-1 市场变化的因素内容

专家提醒
ZhuanJiaTiXing

正是因为市场的这一客观情况，关于其情况的调研是任何处于市场这一环境中的活动所必需的。在智能手机普遍应用的社会环境下，与企业产品、品牌有着紧密联系的微信、APP以及自媒体平台软文的内容构建和效果实现，也必须适应市场的变化，并进行积极且广泛的市场调研。只有这样，才能达到软文营销的目的。

因此，市场调研就是为了达到营销目的而进行的对营销信息的分析、甄别工作。具体来说它的含义包括 3 大方面，也就是目的、特点以及途径。特点是系统性和客观性，途径即识别、收集、分析以及传播营销信息，它的目的有如图 2-2 所示的 3 点。

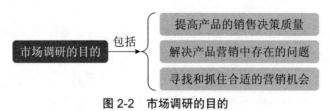

图 2-2　市场调研的目的

2. 作用——"调研"的意义何在

市场调研作为市场预测和经营决策过程中重要的组成部分，一直占据着举足轻重的地位。它是企业进行营销策划和运作过程的基础，对企业产品和品牌的推广有着非常重要的作用。

在此，市场调研所具有的重要作用可从广义和狭义两个方面进行分析，如图 2-3 所示。

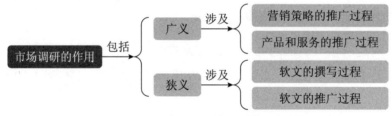

图 2-3　市场调研的作用分析

从狭义的角度看，市场调研的作用又可以细分为如图 2-4 所示的 3 点。

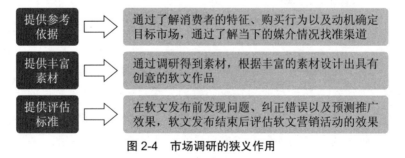

图 2-4　市场调研的狭义作用

这10招写作技巧，是你十万级阅读量文案梦想起飞的翅膀 👤

3. 方法——如何进行"调研"为妙

由上述内容可知，市场调研对于软文营销的目的实现具有巨大的支撑和参考作用，那么接下来要思考的就是怎样进行市场调研和利用什么方法进行市场调研的问题。关于市场调研的方法，主要有 6 种，如图 2-5 所示。

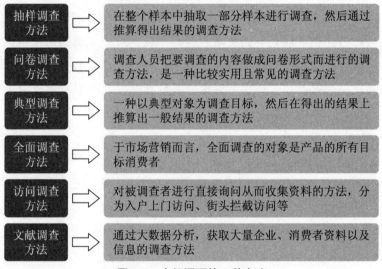

抽样调查方法	在整个样本中抽取一部分样本进行调查，然后通过推算得出结果的调查方法
问卷调查方法	调查人员把要调查的内容做成问卷形式而进行的调查方法，是一种比较实用且常见的调查方法
典型调查方法	一种以典型对象为调查目标，然后在得出的结果上推算出一般结果的调查方法
全面调查方法	于市场营销而言，全面调查的对象是产品的所有目标消费者
访问调查方法	对被调查者进行直接询问从而收集资料的方法，分为入户上门访问、街头拦截访问等
文献调查方法	通过大数据分析，获取大量企业、消费者资料以及信息的调查方法

图 2-5　市场调研的 6 种方法

笔者在一次文案的策划选题过程中，为了选出更加贴近读者需求，符合市场趋势的文案，就采用了上面提到的访问调查法来进行市场调研，具体的操作步骤如图 2-6 所示。

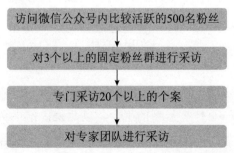

访问微信公众号内比较活跃的500名粉丝

对3个以上的固定粉丝群进行采访

专门采访20个以上的个案

对专家团队进行采访

图 2-6　采用访问调查法进行市场调研的过程

一层一层的采访是确定选题和文案内容的基础保障，笔者的第一级采访目的是确定基本的选题方向，即大家最近都在关注些什么；第二级采访是稍显细分的采访，因为这个时候人数已经减少了，用户之间的细微差别也会显露出来，这个环节要注意细节，细节的筛选很有可能影响到后面的内容写作；第三级采访就是分别找个人去谈了，这也是访问调查中比较细致的访问环节，一个人一个人地谈，耗费的是时间和精力，不过得到的素材也是独一无二的，你会在采访的过程中得到新的突破；最后一级是对专家团队的采访，同时也是十分必要的一个环节，这个时候已经基本确定了选题的大方向，但对于内容涉及的一些专业知识，还需要向专家咨询意见，比如写到财产分配等涉及法律的问题，就需要在专家的指导下来写。

专家提醒
ZhuanJiaTiXing

访问调查法是比较容易展开的一种方法，同时也是比较难的一种方法，但从效果的角度来看，这种方法还是值得借鉴的。不过需要注意的是，在访问的过程中，一定要把相关的工作进行落实，而不是用不切实际的数据进行选题的策划。

012 内容定位：做好平台、用户以及内容的定位

完成市场调研之后，就要对生产怎样的内容进行定位和调研了，而在内容定位的过程之中，又应该重点对平台、用户以及内容进行定位。不同的平台对内容的要求不同，而不同类型的用户对于内容的需求也是大相径庭的，因此，做好内容定位是生产精准内容的必要前提，也是打造爆款文案的基本条件。

知识解析

首先是平台的定位。在微信、APP运营中，第一步应该确定的是，企业所要运营的平台是一个什么类型的平台，以此来决定平台的基调。平台的基调主要包括5种类型，即学术型、恶搞型、创意型、服务型以及媒体型。在做好平台定位时，应该根据自身条件的差异选择具有不同优势和特点的平台

这10招写作技巧，是你十万级阅读量文案梦想起飞的翅膀 👤

类型，具体分析如图 2-7 所示。

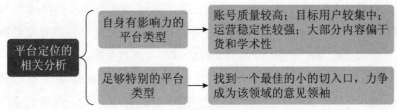

图 2-7　平台定位的相关分析

　　在定位平台、选择何种平台类型的同时，还应该对平台的自定义菜单进行相应规划，以便能够清楚地告诉用户"平台有什么"。对自定义菜单进行规划，实际上就是对其功能进行规划，它可从 4 个维度进行思考和安排，即目标用户、用户使用场景、用户需求以及平台特性。

专家提醒
ZhuanJiaTiXing

　　做好平台定位是非常重要的，要慎重对待。因为只有做好了平台的定位，并对其基调进行了确定，才能做好下一步要进行的用户运营和内容运营策略，最终促成平台更好地发展。

　　其次是用户的定位。在企业的微信、APP 和自媒体平台运营中，确定明确的目标用户是其中至为重要的一环。而在进行平台的用户定位之前，首先应该要做的是了解微信、APP 平台针对的是哪些人群，他们具有什么特性等问题。关于用户的特性，一般可细分为两类，如图 2-8 所示。

图 2-8　用户的特性分析

　　在了解了用户特性的基础上，接下来要做的是进行用户定位。在用户定位的全过程中，一般包括 3 个步骤，具体内容如下。

- 数据收集。可以通过市场调研的多种方法来收集和整理平台用户数据，再把这些数据与用户属性关联起来，如年龄段、收入以及地域等，绘制成相关图谱，就能够大致了解用户的基本属性特征。
- 用户标签。获取了用户的基本数据和基本属性特征后，就可以对其属性和行为进行简单分类，并进一步对用户进行标注，确定用户的可能购买欲和可能活跃度等，以便在接下来的用户画像过程中对号入座。

● 用户画像。利用上述内容中的用户属性标注，从中抽取典型特征，完成用户的虚拟画像，构成平台用户的各类用户角色，以便进行用户细分。

最后是内容的定位，所谓"内容定位"，即微信、APP 以及自媒体平台能够提供给用户什么样的内容和功能。在平台运营中，关于内容的定位主要应该做好 3 个方面的工作，具体如图 2-9 所示。

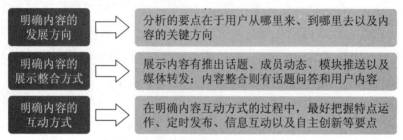

图 2-9　内容定位应该做好的 3 方面工作

以微信公众号"手机摄影构图大全"为例，如图 2-10 所示，为它的主要页面展示。它在内容定位的过程中就是从 3 个方面展开的，从而找到自己的目标用户，发布精准的内容。

图 2-10　微信公众号"手机摄影构图大全"

专家提醒
ZhuanJiaTiXing

在实际的内容定位中，有些细节可能要根据实战做出相应的调整。因为用户是变化的，内容也是跟随用户的变化而不断变化的，因此，内容定位是一个需要花费时间和精力的步骤。

"手机摄影构图大全"为了吸引更多的粉丝，推广自己的内容，进而轻松盈利，在内容定位这块下了不少功夫。那么，它具体是怎么做的呢？笔者将它的做法总结如图 2-11 所示。

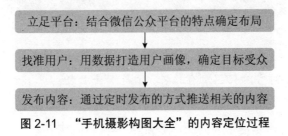

图 2-11 "手机摄影构图大全"的内容定位过程

"手机摄影构图大全"的内容定位是按照步骤一步一步来的，既是一个寻找目标的过程，也是一个打造定向内容的过程。内容定位的成功帮助"手机摄影构图大全"赢得了不少粉丝的信赖和支持，同时也从不同的渠道获得了利润。

013 软文痛点：软文需要戳中用户"痛点"

企业想要让自己的软文成功吸引读者的注意力，就需要将软文变得有魔力，而这种魔力可以在"痛点"中获取。那么"痛点"是什么呢？所谓的"痛点"是指读者在正常的生活当中所碰到的问题、纠结和抱怨。如果这个事情不能得到解决，那么读者就会浑身不自在，会感到痛苦，这就是读者的"痛点"。如果软文撰写者能够将读者存在的"痛点"体现在软文中，并且给予解决方法，那么这样一篇软文，必会引起一部分读者的注意力。

王老吉的一句"怕上火　就喝王老吉"，堪称经典，如图 2-12 所示。

图 2-12　王老吉"痛点"软文广告

"上火"算是一个人们在生活中会遇到的问题，譬如，在炎热的夏天，有一部分的人，对香辣火锅情有独钟，于是不畏上火，一心投入火锅的"怀抱"中；但是还有一部分人，也同样的钟爱火锅，可是怕自己在这炎热的夏天上火，导致不敢吃，于是就选择放弃吃火锅，但心里又不甘心。

因此，王老吉以"怕上火　就喝王老吉"为软文广告语，以"怕上火"来点出正在困扰消费者的问题，再以"就喝王老吉"来解决消费者的困扰，名正言顺地告诉消费者："我能帮你解决这个问题"，如此一举获得了不小的成就。

总之，消费者在生活当中遇到的不好解决的麻烦，就叫"痛点"。软文撰写者需要做的就是发现消费者的"痛点"。以这个"痛点"为核心，找到解决"痛点"的方法，并且将方法和企业产品联系在一起，最后巧妙地融入软文的主题中，明确地传递给受众一种思想，帮助他们找到解决问题的方案。

技巧解析

"痛点"的挖掘是一个长期运作的过程，不可能马上完成，更不可能一步到位。它属于细节上的问题，同时也是消费者最敏感的细节。企业从细节上开始挖掘，哪怕一个两个也好，再认真体会用户的需求，才能够挖掘到消费者的"痛点"，这样的软文才能触动读者的心弦。

一般来说，企业想找到消费者的痛点，需要注意如图 2-13 所示的两方面事项。

这 10 招写作技巧，是你十万级阅读量文案梦想起飞的翅膀 👤

| 寻找消费者痛点的注意事项 | 包括 | 对消费者的消费心理有充分的解读 |
| | | 对自己的产品和服务有充分的了解 |

图 2-13　企业寻找消费者痛点的注意事项

专家提醒
ZhuanJiaTiXing

很多人认为痛点不好挖掘，实际上，挖掘痛点就是让你进行换位思考：如果我是消费者，我会希望这款产品给我带来什么？把自己当成是要购买这款产品的人，就更容易找准受众的需求。

014 软文场景：软文需要"情景"+"场景"

软文并不只是简单的文字堆砌起来就万事大吉，而是需要用质朴而不失韵味的文字打造成一篇画面感强烈的文章，让读者能边读文字，边想象出一个与生活息息相关的场景，从而产生身临其境的感觉。如此一来，文案才能更好地勾起读者继续阅读的兴趣。

知识解析

一般软文撰写者在打造软文场景时，可以从两方面出发，如图 2-14 所示。

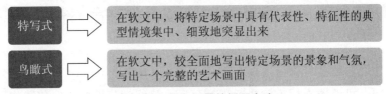

| 特写式 | ⇒ | 在软文中，将特定场景中具有代表性、特征性的典型情境集中、细致地突显出来 |
| 鸟瞰式 | ⇒ | 在软文中，较全面地写出特定场景的景象和气氛，写出一个完整的艺术画面 |

图 2-14　软文场景的撰写方法

案例展示

益达的广告文案可以称得上是广告界中的经典了，比如"嘿，你的益达！不，是你的益达！"、"关爱牙齿，更关心你"、"不管酸甜苦辣，总有益达"以及"要两颗在一起才最好"等。

这些广告文案都很简单，但给人留下了深刻的印象。而其中"关爱牙齿，餐后嚼 2 粒"的文案更是描绘出了使用产品的具体情境。男女主人公处在平常的生活环境之中，用简单的故事情节衬托出这一句场景化的文案，带给人无限温暖，从而使得品牌形象深入人心。图 2-15 所示为益达的"餐后嚼 2 粒"广告文案。

图 2-15　益达的广告文案

益达的这则广告文案属于特写式的软文场景打造，通过展示特定场景中具有代表性的典型情境：即吃过饭之后，来突出益达木糖醇的作用，从而有效地传播了品牌理念。

015　读者第一：写软文时将读者放在第一位

软文要对读者有价值。撰写一篇优秀软文的第一步，就是寻找用户感兴趣的话题。可以搜索相关的资料进行整理，最终消除彼此之间的陌生感，让读者对软文产生认同感，从而取得读者的信任。

要记住一点，软文的受众是广大的读者，这是软文写作的基本前提和要素。不同类型的读者对软文的需求也不一样。那么，在创作文案的时候，到底应该怎么把读者放在第一位呢？笔者将其技巧总结为如图 2-16 所示的 3 点。

掌握了这些技巧，就能够拉近与读者之间的距离，从而使得读者更加信赖文案的力量，为软文创造更好的传播效应。

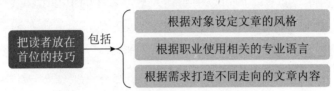

图 2-16　把读者放在首位的技巧

案例展示

一篇标题为"女生想要有漂亮腿型，这 3 个动作不能做！"的淘宝头条文案，标题中的"漂亮腿型"就是针对想要完善腿型的目标客户群体而打造的，而且"不能做！"更是引起了受众的注意，如图 1-33 所示。

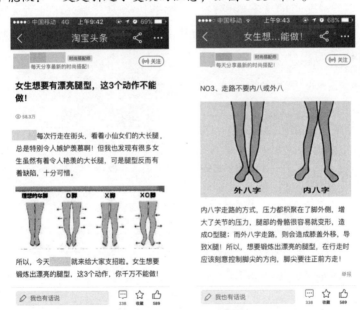

图 2-17　淘宝头条的软文

撰写文案的人要根据受众的不同来打造文案，把读者的需求放在首位。因此无论是标题还是正文，都要突出受众想要看到的字眼，使得读者一看到标题就会点进去阅读，从而有效提升文案的浏览量。

016 时事热点：软文内容要跟紧时事要点热点

所谓"时事要点"，即可以引起众人重点关注的中心事件或信息等，紧跟热点的文案可以增加点击量。值得注意的是，大部分人群都对热门的事物感兴趣，因此热点一般都会吸引大多数人的眼球。无论是什么内容，都可以往热点上面靠一靠，这样一来，打造爆款文案的成功率更高。

知识解析

由于微信、APP以及自媒体平台具有即时性的特点，因而使得时事要点的传播有了可能，特别是微信，它作为社交平台，有着广泛传播的途径。因此在微信这一运营平台上，打造紧抓时事要点的文案，利用微信公众号和朋友圈等平台进行传播，有利于软文的传播和拓展。

结合热点、要点的文案能够产生较强的传播力，那么，打造文案时如何才能牢牢抓住热点呢？文案又怎样与热点紧密结合呢？笔者将其技巧总结为如图 2-18 所示的几点。

图 2-18　文案抓住时事热点的技巧

专家提醒 一般而言，人们不会每天都关注新闻要点，但大部分每天都会看朋友圈的动态，基于人们对新闻要点的兴趣，如果有人能主动推送的话，用户也会点击浏览的。因此，在软文中巧妙地植入时事要点，是微信、APP平台软文营销的一个非常值得借鉴的技巧。

案例展示

在微信公众平台上，各式各样的微信公众号每天都会推送内容，为了尽可能吸引人们的眼球，创作者们都会苦思冥想，仔细斟酌。紧跟热点就是他们常用的方法之一，图 2-19 所示，为"张先生说"推送的一篇题为《从前的春节我们交心，现在的春节我们交手》的文章，此文紧跟春节的热点，说中了不少人的心声。

图 2-19　《从前的春节我们交心，现在的春节我们交手》

017 网络用语：学会使用新媒体的文字

在打造新媒体软文的时候，我们可能会很少注意到"文字"这一关键，但文字是组成文章的基本成分，同时也是表达诉求和情感的重要载体。正确使用新媒体文字，是打造爆款文案的重中之重。

知识解析

软文的文字是打造优秀软文的关键，它的主要要求如图 2-20 所示。

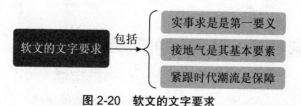

软文的文字要求 —包括→ 实事求是是第一要义 / 接地气是其基本要素 / 紧跟时代潮流是保障

图 2-20　软文的文字要求

案例展示

图 2-21 所示为微信公众号"新世相"推出的一篇题为《只有你妈觉得你还能抢救一下》的文章，该文在标题中就巧妙地运用了网络词语，有效地吸引了读者的目光。不仅如此，它在正文中也提到了"佛系养生"、"朋克养生"等新兴词语，为文案注入了新鲜的血液。

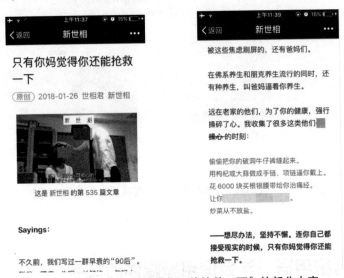

图 2-21 《只有你妈觉得你还能抢救一下》的部分内容

事实上，新媒体的文字最主要的特点就是真实和接地气，使用网络用语的原因也是为了贴近目标人群的阅读习惯，抓住读者的爱好和需求。

专家提醒
ZhuanJiaTiXing

打造一篇成功的软文，不仅需要掌握其大致的写作结构，比如"起承转合"，同时还要知道如何去运用不同风格的新媒体语言。如果说文章的结构是树干，那么语言就是枝叶，一棵树，只有枝繁叶茂才能算作是一棵大树，因此，掌握新媒体的网络用语是很重要的。

018 引起共鸣：激发人的感情思维

白居易在《与元九书》中说道："感人心者莫先乎情"，可见如果想要打动人心，就需要有"情"。情感是人人都有的，而情感的共鸣则是吸引读者眼球的绝佳方式。用心感受世间的情感，在文案之中加入情感的因素，即可达到走进读者内心的目的，提升文案的阅读量。

案例展示

以一些采用攻心动情法的广告文案为例，如图2-22所示，为5例以"情"为主打的房地产广告语。

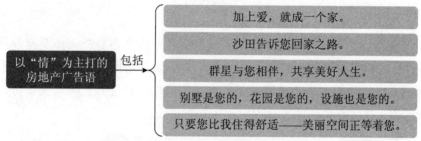

图2-22 以"情"为主打的房地产广告语

这几则房地产广告语，在情感氛围的营造上是比较成功的，一是从受众的角度出发，为他们着想；二是切入的角度都是比较贴近人心的，如"家"、"人生"以及"爱"等，这些都造成了一种无法抵抗的诱惑力和鼓动性，使得受众情不自禁地被文案感染，进而产生购买的欲望。

技巧解析

很多人觉得打动人心的文字才是好文字，而情感的共鸣正是吸引读者注意力的绝佳方法，同时也能够有效地带动读者的情绪。那么，究竟要如何通过文案来唤起读者的情感记忆，从而引起普遍的情感共鸣呢？如图2-23所示，笔者总结了4个打造动人文案的方法，以供大家参考借鉴。

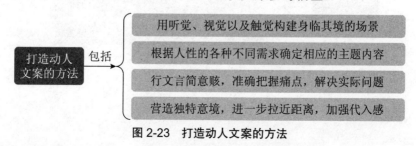

图2-23 打造动人文案的方法

019 软文价值：软文必须具有一定的价值性

软文，就是附着于其他产品上并且借助其他产品进行宣传的文章。比如，宣传摄影技巧，需要借助拍摄的各种照片；宣传出版的书籍，就需要借助出版社等。一篇优秀的软文，必定会具备一定的价值，具有价值性的软文才会被看好。

一般而言，优秀的软文，除了要提及需要宣传的内容外，还要充分体现4 个价值，即新闻价值、学习价值、娱乐价值以及实用价值。这种软文不仅能够起到宣传作用，而且能够增加软文的阅读性，让读者在阅读文章时，感觉到愉悦。这 4 个价值的具体内容如图 2-24 所示。

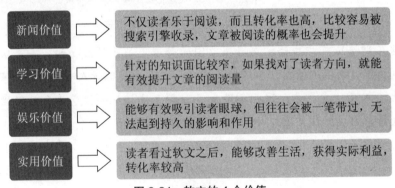

图 2-24　软文的 4 个价值

那么，要如何在文章中添加这些价值呢？笔者将其技巧总结为如图 2-25所示的几点。

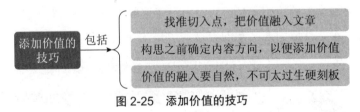

图 2-25　添加价值的技巧

以"手机摄影构图大全"微信公众号为例，它推出的内容基本上都是富有实用价值的，如图 2-26 所示，为其摄影方面的技巧分享。

技巧包含的内容比较广泛，有构图、书籍等，只要是读者能够用到的，"手机摄影构图大全"都会进行推送。这样的软文不仅能够为读者提供实用的价值，而且可以帮助读者增强学习能力。

图 2-26　具有实用价值的软文

专家提醒
ZhuanJiaTiXing

虽然软文的价值不仅仅局限于实用技巧的展示，但从最为直接和实际的角度来看，能够提供行之有效、解决问题的方法、窍门是广大的软文往往能够得到读者的青睐。这也是为什么软文需要具备价值的原因之一。

020　小而精美：软文的整体篇幅需要小而美

随着互联网和移动互联网的快速发展，碎片化的阅读方式已经逐渐成为了主流，大部分读者看到长篇大论的文章或多或少都会产生相应的抵触心理。即使有的读者愿意阅读较长篇幅的文字，但也很难坚持看完，更别说读软文了。

从制作成本的角度来看，长篇幅的文章还要花费更多的版面费用，因而如果文案的反响效果不好，真可谓是"赔了夫人又折兵"，是得不偿失的。

知识解析

写一篇软文，"小而精美"是关键所在，也就是说一篇成功的软文应该具备短小精悍和言简意赅的特点。如此一来，读者就能很快了解文案的大致内容，从而获取创作者想要传达的重点信息。

搜狐网新闻中心总监徐一龙认为，如果想写出令读者满意的文案，就需要从如图 2-27 所示的 3 个方面做起。

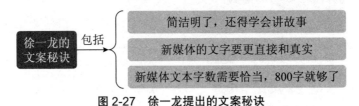

图 2-27　徐一龙提出的文案秘诀

专家提醒
ZhuanJiaTiXing

当然，仅仅写出一篇能够让人读得尽兴的软文是远远不够的，还需要能够对软文的篇幅有比较彻底的掌握，最好能够在文章的高潮部分，将软文的主题充分地嵌套进去。因此，在写作的时候，应尽可能地使用短句（每句话在 10 个字以内）。

案例展示

以"周冲的影像声色"为例，它推出的内容有很多都是以讲故事的形式呈现的，而且短小精悍，情节丰富。图 2-28 所示为"周冲的影像声色"发布的一篇名为《最后你爱上的，都是愿意陪你说废话的人》的文章的部分内容，内容看似平淡却饱含深意，篇幅精美，给读者留下了深刻印象。

小而精美，并不是说文案只能短不能长，主要是因为长篇幅的文案往往很容易让读者失去阅读的耐心，同时还耗费精力和时间。如果一篇文案能够做到言简意赅、重点突出，那么就堪称完美了。

图 2-28　小而精美的文案

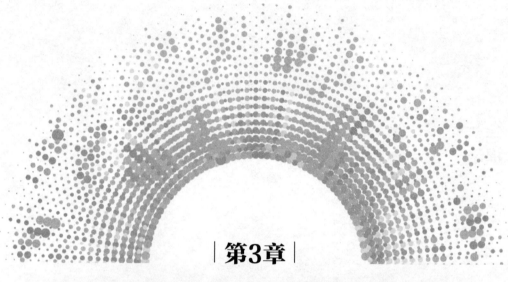

| 第3章 |

这10个软文形式，揭秘了10W+
阅读量文案的逻辑秘密

学前
提示

　　在这个传播手段日益进步的社会，不管是线上还是线下的企业，都会用到软文这一形式对企业的产品进行推广和营销。软文的形式不是单一的，而是多种多样的，不同的软文形式能够起到不一样的营销作用，因此掌握不同的写作技巧是很有必要的。

021 创意式软文：利用热点事件进行创意思维

随着科技的不断进步，人们开始追求有趣的、好玩的以及没见过的事物，希望每天都有不同的创意能围绕在身旁，那样人们才不会觉得生活枯燥、单调以及乏味。如果能撰写出让人们感到惊喜的创意软文，那么就很有可能吸引更多的读者和粉丝，使得文案中推销的产品和服务大卖。

案例展示

如图 3-1 所示，为江小白联合"见字如面"发布的创意广告文案，简单的文字，走心的图片，搭配起来十分惹人注目。这样的广告文案不仅在视觉效果上为受众带来了美的享受，而且还戳中了不少受众的痛点，引发了广大人群的情感共鸣。

图 3-1　江小白的广告文案

江小白的文案偏向于创意和文艺，针对的人群大多是年轻一代，因此文案的风格也是按照大部分年轻人的喜好设计的。清新的画风、富有深意的句子以及简洁的画面，都是其创意所在。

技巧解析

上面提到的创意式软文属于"文字＋图"的范畴，在如今的社会里这是一种很常见的创意方式，都是从人们少见的角度出发，进行创意式软文的撰写，这样的软文能给读者留下一个深刻的印象。

创意一个比较灵活的东西，一般它不会自动出现在软文撰写者的脑袋里，而是需要创作者主动去挖掘，可是怎样才能挖掘创意灵感呢？下面就来讲几个挖掘创意灵感的方法。

1. 制造新闻，实现营销目的

新闻在人们的生活中已经属于必不可少的产物，企业要学会制造新闻，如年中年会、年底座谈会、经销商大会、知名人士到访以及企业领导参加知名活动等，这些事件都可以作为制造新闻的素材。只要软文中所写的真实、不是太夸张，就可以算得上是一篇新闻创意式软文。

制造新闻创意式软文，不仅可以提升产品的曝光率，还可以塑造企业品牌的美誉度。只要保证新闻创意式软文是真实可靠的，那么实现营销目的也就水到渠成了。

2. 搬出数据，增强品牌力量

数据类软文总体上来说和其他软文是一样的写作方式，不过从细节上看，它也有属于自己的写作特点，主要有如图 3-2 所示的 3 点。

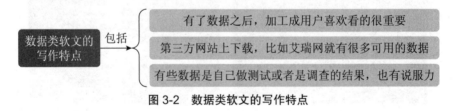

图 3-2 数据类软文的写作特点

此外，撰写数据类软文还可以通过搜索相关关键词的方式，收集一些有用数据，然后对其进行分析，之后再在这些数据的基础上进行整理和加工。在软文中可以通过插入数据、图片以及图表等途径为产品做宣传，打广告。这样的话，创意软文写起来会比较快，并且说服力很强。

3. 讲述故事，吸引读者眼球

企业可以利用故事进行创意大爆发，故事可以从公司产品、企业家本人、消费者、企业活动以及员工生活等下手。只要用心关注国内外的热点事件，

这10个软文形式，揭秘了 10W+ 阅读量文案的逻辑秘密 👤

带着行动目标去想如何讲故事，那么故事创意软文就可以"出炉"了。

此外，创作者还可以编出一个凄美的爱情故事、励志的奋斗故事以及悲惨的人生经历等，只要把自己的产品贴切地融入故事中，就能达到一定的效果。

下面就来欣赏一篇创意小故事。

老公刚到家门，突然听到有男人打呼噜的声音，男人在门外犹豫了5分钟，默默离开，给老婆发了条短信："离婚吧！"然后扔掉手机卡，远走他乡。

三年后，他们在另一个城市偶然相遇，妻子流泪："当年为何不辞而别？"男人简述了当时的情况。妻子转身离去，淡淡地说："那是瑞星杀毒软件！"

这篇软文通过"老婆出轨"、"丈夫远走他乡"以及"三年后，相遇"等关键词，来推出原来是"瑞星杀毒软件"引起的误会。如此创意十足的创意式软文，让人捧腹不已的同时，也记住了产品。

企业在利用热点事件进行创意思维时，一定要关注最近的热点事件，把自己的产品与热点相结合，这样才能快速地吸引人们的眼球。

4. 竞争对手，巧妙借助气势

拿竞争对手造势的意思是将矛头指向竞争对手，从而显示出自己的优点，就如之前被炒得沸沸扬扬的京东与天猫之战，那可谓真正的互呛。京东在APP的首页亮出了"不玩猫腻"的创意文案，暗指天猫卖假货，如图3-3所示。而天猫也不示弱，在 APP 首页推出文案"真心便宜，不然是狗"。

图3-3 拿竞争对手造势的创意招数

此创意式软文非常有针对性，同时也是营销的一种手段，各大电商之间的"文案大战"，让读者直呼"过瘾"，脑洞大开的文案真的不一般。众多的创意文案引发了读者围观热议，成为人们茶余饭后的谈资。

022 促销式软文：一种非常直白的推广方法

促销式软文从字面意思来看，就可以知道是一种直白的推广方法。而且对于这种形式的软文而言，越直白越好，它是如今企业用得比较多的一种软文营销的方法，也是比较经典的一种营销手段。

一般来说，促销式软文可以分为纯文字和"促销标签＋图"两种形式，下面具体介绍它们的不同之处。

1.纯文字，直接推荐品牌和产品

纯文字的促销式软文比较常见，它主要凭借文字向读者推荐品牌的特色、发展历程以及卖点等信息。图3-4所示为微信公众号"不止读书"发布的一篇直白的促销式软文的部分内容，向读者推荐了好用的护肤品。

图3-4　"不止读书"发布的促销式软文

这10个软文形式，揭秘了10W+阅读量文案的逻辑秘密 👤

这篇软文从标题开始就十分直接，"这个高颜值护肤品，让我弃掉1000块的香水！"一是突出了产品的外形美观；二是说明了产品性价比高，质量有保障。软文内容也是围绕产品全面展开，为读者提供了比较准确的购物指导，从而进一步引发其购买欲望。

2. "促销标签＋图"，更加直观

"促销标签＋图"的促销式软文是指，在产品或活动的图片上，搭配一些促销标签如"全场包邮"、"新春限时抢购"等。此种软文通过"攀比心理"、"影响力效应"等因素来吸引受众的注意力，如图3-5所示，为"促销标签＋图"的促销式软文。

图 3-5 "促销标签＋图"的促销式软文

此篇文案是"促销标签＋图片"的典型案例，以"春节"为中心，突出"280元"、"清仓"等字眼。同时，还制造了一种节前的紧张氛围，使得受众看到文案后禁不住心动，这就是促销式软文的魅力。

技巧解析

直接简单的促销式软文拥有变现的神奇力量，那么，在打造这样的文案的时候，应该怎么做呢？是不是简单地陈述事实就好了呢？实际上，无论是创作纯文本形式的促销式软文，还是打造"促销标签＋图"的促销式软文，都需要掌握如图3-6所示的5点技巧。

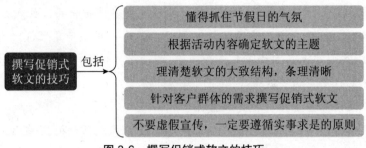

图 3-6　撰写促销式软文的技巧

专家提醒
ZhuanJinTiXing

除以上几点外，在撰写促销式软文的时候，还要注意两点：一是可以适当加入一些创意；二是要让读者感到自己赚到了、物超所值，并且通过适当加点时间限制的方式，促使有购物需求的读者产生紧迫感。

023 悬念式软文：设置悬念来持续吸引受众关注

悬念式软文，顾名思义，就是通过设置悬念来引起读者的注意。首先是提前设置好问题，让读者自行猜测、关注以及讨论，然后等到时机成熟再抛出答案，它属于自问自答式。

案例展示

悬念式软文在各种各样的场景都会出现，不管是主打文字销售的微信公众平台，还是致力于销售商品的淘宝头条，都会应用到悬念式软文。

图 3-7 所示为淘宝头条上一篇名为《编辑部的仙女们都用啥来保护第二张脸？》的软文，该文标题一开始就设置了悬念，勾起读者的好奇心，紧接着，读者就会点进文章进行查看。在阅读的过程中，读者就会发现，作者会一步一步地给出答案，同时向读者推荐一些商品，促使读者产生购买的欲望。

悬念式软文不仅可以有效地吸引读者的眼球，提升软文的浏览量，而且还可以趁势推销相应的产品，在帮助读者解决问题的同时获得收益，两全其美。

这 10 个软文形式，揭秘了 10W+ 阅读量文案的逻辑秘密 👤

图 3-7　淘宝头条上的悬念式软文

悬念式软文思维优势十分明显，但很多人仍然没有掌握悬念式软文的写作技巧，认为它不好写，那么，究竟要怎样才能写出一篇打动人心的悬念式软文呢？笔者认为，掌握如图 3-8 所示的 6 点技巧即可。

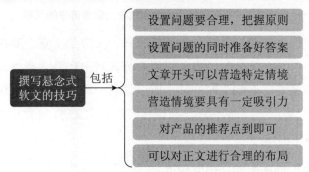

图 3-8　撰写悬念式软文的技巧

专家提醒
ZhuanJiaTiXing

在这个快消费时代，充满耐心的阅读已经不常见了，尤其是阅读广告。悬念式软文的好处在于成功利用读者的好奇心理，戳中痛点。如果想把一篇悬念式软文打造成功，就要学会提炼一到两个关键点，一点一点地给出关键信息，让读者去猜测，最后给出解答。

024 广告式软文：引导消费群体购买产品

广告式软文比较有说服力，是软文中广告性质较浓厚的一种，一般由专门的撰稿人负责组织撰写。它的特征在于：投入资金少、吸引消费者目光、增强产品销售力以及提高产品美誉度。

这种广告式软文，能够通过自身的魅力和特点，大力吸引读者的眼光，从而进一步引导其产生购买行为。

知识解析

一般来说，广告式软文除了发布在各大权威的网站，还会发布在报刊上。很多企业经常会把优秀的广告式软文投放在报纸上，但是在投放时需要遵守如图 3-9 所示的 3 点原则。

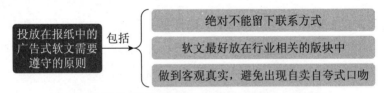

投放在报纸中的广告式软文需要遵守的原则 —— 包括 ——
- 绝对不能留下联系方式
- 软文最好放在行业相关的版块中
- 做到客观真实，避免出现自卖自夸式口吻

图 3-9　投放在报纸中的广告式软文需要遵守的原则

在写作技巧这方面，选择点列还是选择一大段的文章，要根据作者的文字功底而定。若是文笔欠佳，推荐采用点列式写出产品卖点。广告软文的主要任务是引起读者内心购买的冲动，所以最后一段需要再次强调商品特有的销售点、价格优势或者赠品。那么，在撰写广告式软文时，究竟应该怎么做呢？下面详细介绍 7 点技巧。

1. "讨好"搜索引擎，提升排名

下等软文，写出来是自己看的；中等软文，有了针对的目标对象；上等软文，针对的是目标对象与搜索引擎的"蜘蛛"。

众所皆知，软文除了吸引消费者关注的直接目的以外，还有一个提升搜索引擎排名的间接作用。所以，企业软文中提到商品时，需要出现完整名称至少 2 到 4 次，从而方便搜索引擎"蜘蛛"的读取。

这10个软文形式，揭秘了10W+阅读量文案的逻辑秘密 👤

2. 图文并茂，效果更为显著

长篇大论的文字描述，语言再生动形象，也比不过图文并茂的解说。许多企业对于广告式软文都有误解，要知道，广告式软文不是写作文。

广告式软文的目的是吸引读者的视线，将之转化为顾客。因此，相比较于令人头疼的大段文字，图文并茂的效果反而更好。在软文中配上一两张形象的图片，加上到位的图片描述，阅读量会远远高于纯文字式软文。

3. 诱人文案，引导读者购买

常购物的人都有这样的体验，你到实体店里，本来只是想买一双鞋，结果经过销售员天花乱坠的描述和推荐，你自己都不知道怎么回事，就买了衬衣、裤子、毛衣、外套回家了。

这便是实体店销售员精彩的话术了，销售员会通过引导，让顾客把消费目标转移到销售员最想要销售的商品，而非顾客想要买的商品。如果文案写得好的话，也是可以达到这样的效果的。

4. 实事求是，软文成功利器

在写软文之前，可以想一想，自己的产品或者企业有没有得到过什么奖？企业品牌是不是有名气？是不是行业中的销售冠军？是哪个网站网友口碑最佳的商品？哪个当红名人代言这个商品？或者这个商品有没有绝对的价格优势。

理清楚思路之后，再把有效的信息写入文案之中。不管软文撰写者功力如何，只要商品或者企业有任何的优势和特点，都可以写在软文当中。

5. 谨慎细致，顺利传播品牌

撰写电子商务产品的广告软文时，就相当于建立一个销售页面数据库，也等同录了一段推销该商品的影片。一篇优秀的软文，能够为企业吸引数百流量，且有助于产品的销售。值得注意的是，优秀的软文还可以得到不止一次的传播，使得企业的品牌或者产品得到更好的传播。

6. 应时而动，展现出差异化

电视广告在不同时机有不同的广告进行轮换，防止观众的审美疲劳。软文自然也应该针对不同的阶段，撰写不同的版本。

电商的不同阶段包含上架前、新品上市过程中、商品热销中、热度褪去时以及清仓甩卖时等。不同时期，可以撰写不同的软文，这些差异化的软文，有利于营造卖场销售气氛，优化商品的销售结果。

广告式软文比较常见，特别是在各大电子商务网站上，比如淘宝、京东以及聚美等。图 3-10 所示为淘宝上的"淘宝头条"板块发布的一篇关于华为手机的广告式软文的部分内容。

图 3-10　"淘宝头条"上的广告式软文

这篇软文的特色比较明显：一是图文并茂，文案突出重点，即"荣耀千元机"；二是叙述的都是比较实际的消息，为读者带来了相应的参考；三是列出了这款产品的优点，吸引读者对其产生注意，为后面的购买做好铺垫。

专家提醒
ZhuanJiaTiXing

广告式软文比较直观，但又不是直指销售，属于软性植入的一种手段。值得注意的是，在打造这样的广告式软文的时候，最好事先就确定好目标人群，针对受众的特点来撰写软文，这也是撰写所有软文所必须的。

这 10 个软文形式，揭秘了 10W+ 阅读量文案的逻辑秘密 👤

025 新闻式软文：通过媒体的口吻撰写文章

新闻式软文，指的是以新闻的大致套路，从不同的角度传递经营理念、品牌理念以及产品特点。撰写软文可以巧妙通过重点新闻事件为软文增色，不仅可以顺利吸引读者的注意力，而且对引导市场消费也有所帮助。

新闻式软文能够在较短时间内迅速提升企业产品的曝光率，从而树立良好的品牌形象。

知识解析

新闻式的软文创作指的是通过新闻媒体的口吻进行文章的撰写，但需要注意如图 3-11 所示的两点问题。

图 3-11　撰写新闻式软文需要注意的问题

这样一来，软文的效果会更靠谱，用户的关注度也会更高。那么，我们应该如何制造新闻或寻找新闻呢？其实很简单，只要有一颗善于发现的心，那么新闻式软文自然而然就能"出炉"了。图 3-12 所示为制造新闻的 4 种方法。

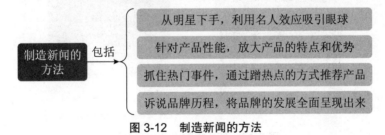

图 3-12　制造新闻的方法

专家提醒
ZhuanJiaTiXing

如果想通过新闻式软文推出产品，最好是自己一马当先，主动出击，进行报道。这样不仅节省了时间和精力，引起了广大读者的注意，而且还可以使得各大媒体心甘情愿、争先恐后地帮企业做宣传。

此外，在撰写新闻式软文时，还要注意不要走进一些常见的误区，以免影响软文的效果和质量。这些误区包括如图 3-13 所示的 3 点。

图 3-13　撰写新闻式软文应该避免的误区

以微信公众号"周冲的影像声色"发布的一篇题为《48 岁伊能静回怼网友：一个女人可以漂亮到什么地步？》的文案为例，该文典型的新闻式软文，图 3-14 所示为软文的部分内容展示。

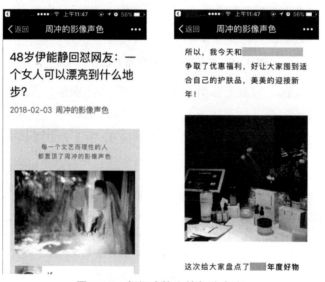

图 3-14　新闻式软文的部分内容

这篇文案成功掌握了名人吸睛的诀窍，以"伊能静"这一名人为出发点，广泛吸引了读者的注意力。而标题的问句形式也很好地勾起了读者的好奇心，增加了文章的点击率。而且文中并没有过多地提到"这款产品有多么好用、性价比高"，而是客观地讲述产品本身，并通过拉近距离的方式来推销产品。

026 故事式软文：贴合读者内心最柔软的部分

　　故事对于人们来说是一个什么样的存在呢？我们小时候就喜欢听故事，长大了喜欢看故事。小时候听着千奇百怪的故事，会对故事中的情节、人物有所向往，而长大后则开始在故事中领悟到人生哲理。不同的阶段，故事对于我们来说有着不同的意义，但有一点不容置疑，那就是人人都爱听故事。

　　总之，故事永远都是人们所热衷的，写出一篇好的故事式软文，就能抓住读者的心，赢得他们的认可，从而促进产品的销售。

案例展示

　　微信公众号"独木舟"发布的《英语好能给你涨多少工资？》，就是一篇富有创意的软文，文章的开头以作者本人的经历为切入点，将学习英语的事情娓娓道来，看起来与广告完全没有关联，如图3-15所示。

　　但随着故事的深入发展，笔触开始自然而然地向广告方面延伸，最后向读者推荐了"懂你英语"的付费课程。虽然是一篇软文，但在文案的前半部分完全看不出推销产品的痕迹，这就是故事式软文的高明之处。

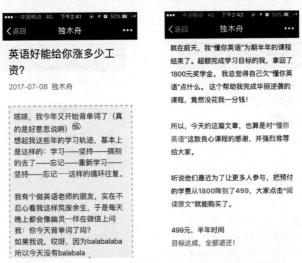

图3-15　《英语好能给你涨多少工资？》的内容展示

　　这篇文案是典型的故事式软文，关键是这个故事还是用第一人称叙述的，因此让读者觉得更加平易近人、真实可信，总结起来有如图 3-16 所示的 3 个特点。

图 3-16　故事式软文的特点

　　故事式软文是很多文案创作者都会用到的一种形式，它的优点很多，最主要的是容易将读者带入到情境之中，使得文案更加有代入感。当然，想要创作出优秀的软文也不是那么轻而易举的。

　　再比如微信公众号"丁香妈妈"，它作为一个专门提供专业医生、营养师以及教育工作者服务的平台，发布的内容一般都是与孩子有关的。另外值得注意的是，在推送软文的时候，它会结合自身的特点来进行选题，标题、正文等方面都是围绕孩子展开的。

　　如图 3-17 所示，这是"丁香妈妈"推出的一篇关于孩子说话的文章，该文一开始就营造了特定的情景，从而引出大人与孩子对话的事件。然后在层层的分析之中导向产品的介绍，无缝连接，让读者觉得无比自然。

图 3-17　故事式软文的案例

这 10 个软文形式，揭秘了 10W+ 阅读量文案的逻辑秘密

技巧解析

在打造故事式软文的时候，最重要的是学会如何讲故事。故事好听、好看，但不一定好讲，很多人对于故事津津乐道，但如果让他们写出一个人人都爱听的故事，可能比较困难。

一个好的故事式软文，不仅要有情节、有创意，还要能打动人心、引起共鸣，最好是能有效提升产品的销售量，推广品牌形象。那么，一篇成功的故事式软文究竟应该如何打造呢？笔者将其写作技巧总结为如图 3-18 所示的几点。

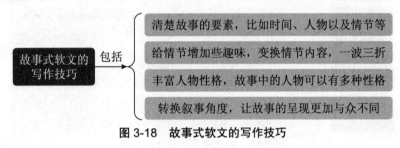

图 3-18　故事式软文的写作技巧

专家提醒
ZhuanJiaTiXing

如何在故事之中嵌入品牌和产品信息也是一个关键点，要学会找准时机，将产品的相关信息不露痕迹地融入文案里，从而在潜移默化中推广产品和品牌。如果是一篇 1000 字左右的软文，产品及品牌信息出现的次数应保持在 3 次以内。

027 病毒式软文：传播速度与病毒类似

处于一个信息大爆炸的时代，我们每个人每天接触的信息不计其数，这其中能被记住的信息寥寥无几，广泛传播的信息更是少之又少。那么，究竟哪些内容或者哪些字眼可以吸引网友的注意力呢？

打造病毒式软文的关键是迅速找到制造病毒的方法，一篇病毒式软文产生的营销效果往往是不可估量的，因为它往往能够传播得比较广泛，让更多的潜在消费者接触和阅读。

知识解析

在打造病毒式软文的过程中，应该如何找到那些比较实用的"病毒制造"的软文引爆点呢？下面详细介绍 5 个打造病毒式软文的实用技巧，具体内容如图 3-19 所示。

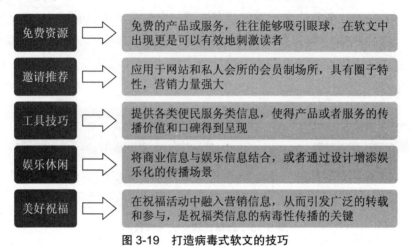

免费资源	免费的产品或服务，往往能够吸引眼球，在软文中出现更是可以有效地刺激读者
邀请推荐	应用于网站和私人会所的会员制场所，具有圈子特性，营销力量强大
工具技巧	提供各类便民服务类信息，使得产品或者服务的传播价值和口碑得到呈现
娱乐休闲	将商业信息与娱乐信息结合，或者通过设计增添娱乐化的传播场景
美好祝福	在祝福活动中融入营销信息，从而引发广泛的转载和参与，是祝福类信息的病毒性传播的关键

图 3-19　打造病毒式软文的技巧

同时，在打造和发布病毒式软文的过程中，还可以与各种不同形式的活动相结合，从而进一步引爆病毒式软文的关键点。此外，还可以通过发挥大众的媒体力量来继续扩大病毒式软文的传播范围。

案例展示

以微信公众号"由这性子"为例，它是一个分享日常服装搭配的账号，它发布的软文特征就是会加入一些实际的优惠。如图 3-20 所示，在分享新年穿搭的同时，还在文案的末尾突出展示了微博抽奖活动的信息，吸引更多的读者持续关注微信公众号，从而推销产品，赚取利润。

"由这性子"之所以能够突出成为呈病毒式传播的软文，一方面是因为在文案当中加入了抽奖等具有实际利益的信息，另一方面是因为它提供的穿搭技巧为读者带来了帮助。病毒式软文之所以能够广泛地传播开来，是由多方面的原因构成的，当然，有时候因为一个、两个原因也可以呈病毒式传播，主要是看有没有找到引爆点。

这 10 个软文形式，揭秘了 10W+ 阅读量文案的逻辑秘密 👤

图 3-20　"由这性子"发布的内容

028 情感式软文：动之以情，以情动人

　　"情"作为一个亘古不变的话题，在广告界也备受瞩目和欢迎，渐渐地也被人们所看重。如今消费者购买商品不仅仅看重数量、质量以及价格，而且还看重感情的诉求和心理的认同，这种独特的消费方式可以称为感性消费。感性消费是以自己的直观感性情绪为基础的，这类型的消费者一般会比较关注精神方面的感受，对于他们而言，情感式软文是很有感染性的，往往能起到较为理想的效果。

知识解析

　　在撰写这种类型软文的时候，不仅要在文章中巧妙宣传产品，还要给软文增添情感色彩，如此才能引起读者产生情感的共鸣。那么，能够打动人心的情感应该从哪些方面挖掘呢？笔者将其方法总结为如图 3-21 所示的几点。

　　情感式软文最为显著的特色就是比较生动感人，一篇优秀的情感式软文，能够做到以情动人，从而受到广大读者的青睐，传播到更为广泛的地方。

图 3-21　情感的 4 个挖掘点

以著名的巧克力品牌德芙为例,它的文案大多走的是情感路线,通过爱情、亲情以及友情等元素来吸引读者的眼球。图 3-22 所示为德芙在微信公众平台发布的一篇题为《只有父母这样笨拙地靠近你》的情感式软文,该文字里行间都渗透着父母深沉的爱,同时又恰如其分地对产品进行了推广。

图 3-22　德芙的情感式软文

这样充满感情的软文,十分容易引起广大读者的情感共鸣,从而得到更为广泛的传播,产品的植入也是毫无痕迹,悄无声息。

专家提醒
ZhuanJiaTiXing

　　比较经典的《家里有你才是过年》《把乐带回家》《我爱你只是隔了两个旺旺的距离》以及《女人,你的名字是天使》等情感软文,都是利用"情"这一特色,激发读者的情感共鸣。

这 10 个软文形式，揭秘了 10W+ 阅读量文案的逻辑秘密 👆

029 反情感式软文：以恐吓形式引起消费者注意

反情感式软文恰好与情感式软文相反，情感式软文是比较正面、乐观的，而反情感式软文则不同。其表达形式一般都是"你正走向死亡的边缘！""洗血洗出一桶油""一天睡不好，等于三天衰老"以及"天啊，骨质增生害死人！"等类型，都是以警告的形式，引起消费者的注意。

反情感式软文一般都采用警告、恐吓等方式来展示，其主要目的是吸引读者的注意，图 3-23 所示为反情感式软文的典型案例。

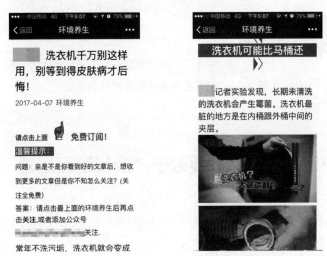

图 3-23　"环境养生"的反情感式软文

反情感式的软文的标题一般都会比较夸张，如"别等到得皮肤病才后悔"，这显然就有点夸张的成分在里面。而正文一般就会循序渐进，提出为何会出现如此严重的情况，应该如何解决，进而推荐要销售的产品。这就是反情感式软文的大致套路。

那么，反情感式的软文一般是怎么打造的呢？在撰写反情感式软文的时候又应该注意哪些问题呢？下面一一来讲述。

首先是反情感式软文的写作技巧。情感式软文是比较好把握的，只要抓住4个感情点就行了，而反情感式软文的撰写似乎没有那么容易。具体来说，我们可以从如图3-24所示的3个方面去构思，去撰写。

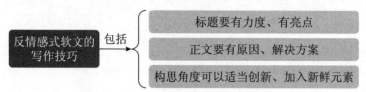

反情感式软文的写作技巧 —— 包括
- 标题要有力度、有亮点
- 正文要有原因、解决方案
- 构思角度可以适当创新、加入新鲜元素

图 3-24　反情感式软文的写作技巧

再就是撰写反情感式软文的过程中，不能一味追求效果而忽略其中的细节，那么，我们应该注意哪些问题呢？笔者将其总结为如图3-25所示的3点。

撰写反情感式软文的注意事项 —— 包括
- 标题不能太过火，把握一定的度
- 正文的内容要合乎事实，实事求是
- 不能夸大危害和影响，要尊重事实

图 3-25　撰写反情感式软文的注意事项

030　逆思维式软文：要敢于"反其道而思之"

逆思维式软文，就是在构思时，让大脑朝着正常思维的对立面思考，从不同的思维角度进行较为深刻的挖掘，从而找到新的突破点。

案例展示

怎样才算是"反其道而思之"呢？就拿照相来说，为了让摄影师把自己拍得美美的，一般人们喜欢在摄影师按下快门之前，就把眼睛睁得很大，可由于拍照时，人们往往在等摄影师喊"一！二！三！"，但坚持了半天之后，恰巧在"三"字上因坚持不住而闭上眼皮，就造成了不能一次成功的状况。所以一个英国伦敦的摄影师换了一个思路。他请照相的人们先闭上眼，听他的口令，同样是喊"一！二！三！"，但在"三"字上一齐睁眼。结果，一

这10个软文形式，揭秘了10W+阅读量文案的逻辑秘密 👤

次成像照片冲洗出来一看，一个闭眼的也没有，全都显得神采奕奕，比本人平时更精神。因此，逆向思维就是不走寻常路，给读者呈现与众不同的软文，带给读者非同一般的阅读体验。下面就来欣赏一篇"淘宝头条"上的逆思维式软文，如图 3-26 所示。

图 3-26　逆思维式软文

一般的软文都会从正面的角度说这几款大衣适合 1.6m 以下的女生，或者 1.6m 以下的女生最好这样穿等，但这篇软文反其道而行之，从相反的角度说 1.6m 以下的女生千万不要穿这几款大衣，实际上也可以达到同样的效果。针对体格比较小的问题，提供相应的解决方案，从而推广自己的产品。

技巧解析

逆向思维实际上就是换个角度看事物，不同的角度看法不一样，写出来的软文也会拥有截然不同的风格。那么，在撰写这样的软文的时候，应该怎么做呢？笔者将其技巧总结为如图 3-27 所示的 3 点。

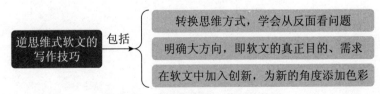

图 3-27　逆思维式软文的写作技巧

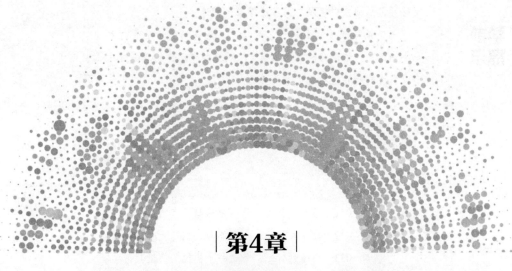

| 第4章 |

这18个标题技巧，决定了
你文章的点击率

在撰写软文之前，首先应该明确其主题内容，并以此拟定标题，从而使得标题与内容能够紧密相连。

无论撰写软文的主题内容是什么，最终目的还是吸引用户去阅读、评论以及转载，从而带来软文外链。因此掌握撰写有吸引力的标题技巧是很有必要的。

这18个标题技巧，决定了你文章的点击率

031 福利式标题：让用户有赚便宜的感觉

福利式标题是指在文章标题上向读者传递一种"阅读这篇文章你就赚到了"的感觉，让读者自然而然地想要去阅读文章。一般来说，福利式标题准确把握了读者贪图利益的心理需求，让读者一看到"福利"的相关字眼就会忍不住点击阅读文案。

知识解析

福利式标题的表达方法有两种：一种是比较直接的方式；另一种则是间接的表达方式，虽然方式不同，但是效果都相差无几，具体如图 4-1 所示。

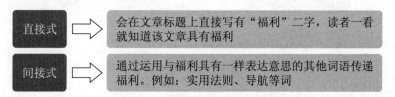

| 直接式 | 会在文章标题上直接写有"福利"二字，读者一看就知道该文章具有福利 |
| 间接式 | 通过运用与福利具有一样表达意思的其他词语传递福利。例如：实用法则、导航等词 |

图 4-1　福利式标题的表达方法

值得注意的是，在撰写福利式标题的时候，无论是直接式还是间接式，都应该掌握如图 4-2 所示的 3 点技巧。

福利式标题的撰写技巧	包括	点明提供的优惠、折扣以及活动
		了解受众最想得到的福利是什么
		提供的福利信息一定要真实可信

图 4-2　福利式标题的撰写技巧

专家提醒
ZhuanJiaTiXing

福利式的标题通常会给读者带来惊喜之感，试想，如果一篇软文的标题中或明或暗地指出文中含有某种福利，你难道不会心动吗？福利式标题既可以吸引读者阅读文章，又可以为读者带来实际利益，一举两得。

案例展示

　　由于福利式标题有两种不同的表达方式，因此也有两种不同的案例，不同的标题案例有不同的特色，下面来看这两种不同的福利式标题的经典案例，如图 4-3 和图 4-4 所示。

图 4-3　直接福利式软文标题　　　　图 4-4　间接福利式软文标题

　　这两种类型的福利式标题虽然稍有区别，但本质上都是通过"福利"来吸引读者的眼球，从而提升文章的点击率。

专家提醒
ZhuanJiaTiXing

　　福利式标题虽然容易吸引读者的注意力，但在撰写的时候也要注意，不要因为侧重福利而偏离了主题，而且最好不要使用太长的标题，以免影响文章的传播效果。

032　数字式标题：数字能与人们产生心灵的碰撞

　　数字式标题是指在标题中呈现出具体的数字，通过数字的形式来概括相关的主题内容。数字不同于一般的文字，它会带给读者比较深刻的印象，与读者的心灵产生奇妙的碰撞，能很好地吸引读者的好奇心理。

这18个标题技巧，决定了你文章的点击率 👤

在软文中采用数字式标题有不少好处，具体体现在如图4-5所示的3个方面。

图 4-5　数字式标题的好处

值得注意的是，数字式的标题也很容易打造，因为它是一种概括性的标题，只要做到如图4-6所示的3点就可以撰写出来。

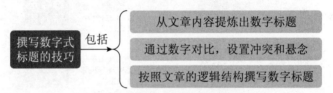

图 4-6　撰写数字式标题的技巧

此外，数字式标题还包括很多不同的类型，比如时间、年龄等，具体来说可以分为如图4-7所示的3种。

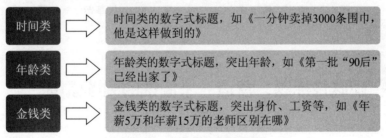

图 4-7　数字式标题的类型

专家提醒
ZhuanJiaTiXing

事实上，文章中很多内容都可以通过具体的数字总结和表达，只要把想重点突出的内容提炼成数字即可。同时还需注意的是，在打造数字式标题的时候，最好使用阿拉伯数字，统一数字格式，尽量把数字放在标题前面。

数字式的标题比较常见，不仅软文中会用到，而且很多其他类型的文章也会用到。在软文中，数字式的标题通常会采用悬殊的对比、层层的递进等方式呈现，目的是营造一个比较新奇的情景，对读者产生视觉上和心理上的冲击。

图 4-8 和图 4-9 所示为麦当劳和肯德基的数字式标题。麦当劳的数字式标题运用到了时间的类型，如"3 分钟搞定感恩节！"，而肯德基的数字式标题则运用金钱类来表达，如"66 元""一元钱"等。

图 4-8　麦当劳数字式标题

图 4-9　肯德基数字式标题

033 趣味性标题：营造一个愉悦的阅读氛围

趣味性标题是指通过一些充满趣味的词语来点缀标题，从而使标题带给人一种轻松愉快的感觉。这种趣味性的标题能够营造一个愉悦的阅读氛围，所以即使文章传递的内容是产品宣传的广告，也不会让读者很反感。

知识解析

一篇带有趣味性标题的软文往往是受人瞩目的，但如何在标题中加入趣味性的元素也是一个不小的难题。趣味的标准是什么？如何寻找趣味？笔者将其技巧总结为如图 4-10 所示的 3 点。

图 4-10　打造趣味性标题的技巧

专家提醒
ZhuanJiaTiXing

趣味性标题一方面可以有效吸引读者的眼球，另一方面还可以让读者产生愉悦的阅读感受，从而进一步扩大软文的传播范围。

案例展示

趣味性标题往往能够在短时间内锁定读者的目光，特别是标题中的幽默字眼容易引起注意，如图 4-11 和图 4-12 所示，为 HomeFacialPro 和肯德基发布的趣味性标题。

图 4-11　HomeFacialPro 趣味性标题　　图 4-12　肯德基趣味性标题

HomeFacialPro 标题的趣味性体现在"热点＋网络用语"的结合，"七夕""自带礼物"等词语，无形之中就击中了读者的痛点，形成良好的传播效果和营销效果。而肯德基的趣味性标题则采用的是一语双关的方式，既点明了推销的产品，又增加了趣味，营造了良好的阅读氛围。

034 速成型标题：可以快速学会某项技能

速成型标题是指向读者传递一种只要阅读了文章就可以掌握某些技巧或者知识的信心。"速成"，顾名思义，就是能够马上学会、得到。

这种类型的标题之所以能够引起读者的注意，是因为抓住了人们想要从文章中获取实际利益的心理。大多数读者都是带着一定的目的阅读文章的，要么是希望文章中含有福利，比如优惠、折扣，要么是希望能够从文章中学到一些有用的知识。因此，速成型标题的魅力是不可阻挡的。

知识解析

在打造速成型标题的过程中，往往会碰到这样一些问题，比如"什么样的技巧才算速成？""速成型的标题应该具备哪些要素？"等。那么，速成型的标题到底应该如何撰写呢？笔者将其经验技巧总结为如图 4-13 所示的3点。

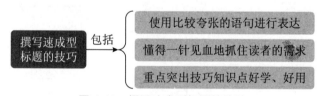

图 4-13 撰写速成型标题的技巧

专家提醒
ZhuanJiaTiXing

值得注意的是，在撰写速成型标题时，一定不要提供虚假的信息，比如"一分钟一定能够学会这样××""3大秘诀包你××"等。速成型标题虽然需要添加夸张的成分在其中，但要把握好度，要有底线和原则。

这18个标题技巧，决定了你文章的点击率

案例展示

速成型标题通常会出现在技术类的软文之中，主要是为了向读者提供实际好用的知识和技巧，如图4-14和图4-15所示，为速成型标题的典型案例。

图 4-14　手机摄影构图大全速成型标题　　　图 4-15　日食记速成型标题

"手机摄影构图大全"发布的文章标题明显是干货内容，而且还借用数字的形式为速成型标题添彩。"日食记"的标题则是倾向于提供简单新奇的牛肉烹饪方法，也是速成型标题的一种形式。

读者在看见这种速成型标题的时候，就会更加有动力去阅读文章里面的内容，因为这种类型的标题会给人一种学习这个技能很简单，不用花费过多的时间和精力的印象。因此，大多数读者会选择相信这个标题，进而阅读文章内容。

035 悬念式标题：引起读者的强烈好奇心理

好奇是人的天性，悬念式标题就是利用人的好奇心来打造的，首先抓住读者的眼球，然后提升读者的阅读兴趣。

标题中的悬念是一个诱饵，引导读者阅读文章内容，因为通常读者看到标题里有没被解答的疑问和悬念，就会忍不住想进一步弄清楚到底怎么回事。

这就是悬念式标题的套路。

知识解析

悬念式标题的文章在人们的日常生活中运用得非常广泛，也非常受欢迎。人们在看电视、综艺节目的时候也会经常看到一些节目预告之类的广告，这些广告就往往采取悬念式的标题引起观众的兴趣。利用悬念撰写标题的方法通常有 4 种，如图 4-16 所示。

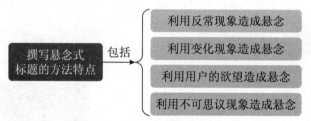

图 4-16　撰写悬念式标题的方法

悬念式标题主要目的是增加文章内容的可读性，因此微信公众号、APP文章编辑需要注意的一点是，使用这种类型的标题，一定要确保文章里面的内容确实是能够让读者感到惊奇、充满悬念的。不然就会引起读者的失望与不满，继而就会让读者对公众号产生质疑，影响微信、APP 以及自媒体平台在读者心中的美誉度。

专家提醒
ZhuanJiaTiXing

软文的悬疑标题如果仅仅只是为了悬疑，这样一般只能够博取大众大概 1～3 次的眼球，很难保留长时间的效果。如果内容太无趣、无法达到软文引流的目的，那就是一篇失败的软文，会导致软文营销的活动也随之泡汤。

因此，企业在设置悬疑式标题的时候，需要非常慎重，最好是有较强的逻辑性，切忌为了标题走钢索，而忽略了软文营销的目的和软文本身的质量。

案例展示

悬念式标题是运用得比较频繁的一种标题形式，很多软文都会采用这一标题形式来引起读者的注意力，从而达到较为理想的营销效果和传播效果。如图 4-17 和图 4-18 所示，为悬念式标题的典型案例。

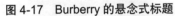

图 4-17　Burberry 的悬念式标题　　图 4-18　星巴克中国的悬念式标题

Burberry 发布的《入秋的第一件外套，你选对了吗？》是十分明显的悬念式标题，同时又紧扣自己的品牌营销，文章内容是为读者推荐初秋的多种不同类型的外套。而星巴克中国的《你知道如何在星巴克找到你喜爱的那一杯咖啡吗？》同样也是利用设置悬念的方式来吸引读者的眼球，当然，主题也是离不开自己的产品的，所以星巴克中国的标题是围绕咖啡展开的。

专家提醒
ZhuanJiaTiXing

悬念式的标题是软文撰写者青睐有加的标题形式之一，它的效果也是有目共睹的，是比较保险的一种标题取法。如果不知道怎么给文章取标题，悬念式标题是一个很不错的选择。

036 警告式标题：一种有力量且严肃的标题

警告式标题常常通过发人深省的内容和严肃深沉的语调给读者以强烈的心理暗示，从而给读者留下深刻印象。尤其是警告式的新闻标题，常常被很多公众号、APP 文章撰写者追捧和模仿。

知识解析

警告式标题是一种有力量且严肃的标题，也就是通过标题给人以警醒作用，从而引起读者的高度注意，它通常会将以下 3 种内容移植到平台文章标题中，如图 4-19 所示。

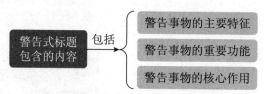

图 4-19　警告式标题包含的内容

那么，警告式标题应该如何构思打造呢？很多人只知道警告式标题能够起到比较显著的影响，容易夺人眼球，但对具体如何撰写却是一头雾水。笔者在这里想分享 3 点技巧，如图 4-20 所示。

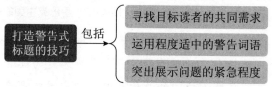

图 4-20　打造警告式标题的技巧

专家提醒
ZhuanJiaTiXing

微信、APP 以及自媒体平台文章编辑者在运用警告式标题时，需要注意运用的文章是否恰当，因为并不是每一篇文章都可以使用这种类型的标题的。

这种标题形式运用得恰当，则能加分，起到其他标题无法替代的作用。运用不当的话，很容易让读者产生反感情绪或引起一些不必要的麻烦。因此，文章编辑者在使用警告式新闻标题的时候要谨慎小心，要注意用词恰当与否，绝对不能草率行文，不顾文章内容胡乱取标题。

案例展示

警告式标题可以应用的场景很多，无论是技巧类的微信公众号平台文章，还是供大众娱乐消遣的娱乐八卦新闻，都可以用到这一类型的标题形式。如图 4-21 所示，为微信公众号"丁香妈妈"发布的带有警告式标题的文章，第一篇中的"黑名单"是关键词，让读者一眼就锁定，从而产生阅读的兴趣；第二篇的关键词是"伤害"和"小心"，既警告了读者，又吸引了读者阅读文章内容。

图 4-21 "丁香妈妈"发布的警告式标题

选用警告式标题这一标题形式，主要是为了提升读者的关注度，大范围地传播文章。因为警告的方式往往更加醒目，触及读者的利益，如果不这样做可能会让你的利益受损，那么可能本来不想阅读，也会点击进去阅读。

037 负面体标题：引发读者想要一窥究竟的欲望

负面体的微信、APP 和自媒体平台文章标题并不是指传播负面能量，而是指在标题上揭示大众在某件事情上遇到的难题，然后在标题上提出解决措施。负面体的标题可以给读者带来启示，使其与自己的实际情况进行比较，从而引发读者阅读的欲望。

负面体标题往往出现在技巧经验分享类的文章里，它一般能够有效引起读者的好奇心，从而提升文章的点击率。那么，我们应该如何撰写负面体标题呢？笔者总结了如图 4-22 所示的 3 个技巧。

图 4-22　撰写负面体标题的技巧

专家提醒
ZhuanJiaTiXing

负面体标题与警告式标题有异曲同工之妙，都是促使读者"见不贤而内自省也"，负面体标题侧重于展示不好的信息，从而吸引读者阅读。

案例展示

无论是在微信公众平台，还是在各大电商平台，都可以看到负面体标题的身影。如图 4-23 所示，为负面体标题的典型案例。

图 4-23　负面体标题的典型案例

淘宝头条上的这两则负面体标题都是通过负面性的词语来打造的，比如"显腿短腿粗""体重过百"等，相信很多读者会担心自己身材的问题，而这些恰好是她们共同的痛点。

这样的标题虽然让读者眉头紧锁，但同样也为读者提供了解决方案，文章中就为如何避免这些问题和克服这些缺陷做出了详细的解释。这就是负面体标题强大力量的体现。

038 专业性标题：传递一种专业价值

专业性标题是指在标题中嵌入某个方面的专业性词语，让文章看起来更加专业，从而更好地传递专业价值。

知识解析

专业性标题能够吸引那些跟专业名词相关的读者，从而达到精准吸粉的目的。这样得来的读者群能够给微信公众号带来更大的价值，而且这种粉丝的追随度会比其他的粉丝更高。那么，我们具体应该怎么打造专业性标题呢？笔者将其技巧总结为如图4-24所示的3点。

图4-24　打造专业性标题的技巧

专家提醒
ZhuanJiaTiXing

专业性标题是针对比较专业的文章内容而设计的，找到目标读者即可，优质的读者比浏览两眼就走人的读者更加有价值。因此不必太过担心标题晦涩难懂、刻板无趣无法吸引大量的读者。

案例展示

一般来说，专业性标题会不怎么显眼，而且营销的意味也不浓厚，偏向于中规中矩，如图4-25所示，为微信公众平台上的专业性标题案例。

图 4-25　微信公众平台的专业性标题案例

值得注意的是，这种专业性的标题相对于其他类型的标题来说，其关注度会偏低一点。因为其专业性使得其受众范围变小了，但是对微信公众号运营者来说也并不是一件坏事，宁缺毋滥，就是对这种现象最好的解释。

039　急迫感标题：让读者加快阅读文章的速度

很多人或多或少都会有一点拖延症，总是需要在他人的催促下才愿意动手做一件事。富有急迫感的文章标题就有一种类似于催促读者赶快阅读的意味在里面，它能够给读者传递一种紧迫感，让读者加快阅读文章的速度。

创作者使用急迫感撰写文章标题，往往会让读者产生现在不看等会儿就看不了的感觉，从而立马阅读，并快速转发传播文章内容。那么，这类标题具体应该如何打造呢？笔者将其相关技巧总结为如图 4-26 所示的 3 点。

这18个标题技巧，决定了你文章的点击率 👤

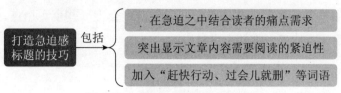

图 4-26　打造急迫感标题的技巧

　　急迫感标题，是促使读者行动起来的最佳手段，而且也是切合读者利益的一种标题打造方式，图 4-27 所示为急迫感标题的典型案例。

图 4-27　急迫感标题案例

　　SocialBeta 发布的急迫感标题主要是通过"不可错过"这四个字来体现急迫感的，既是一个资源的共享，又展示出分享的重要性；而星巴克中国的标题则是福利体与急迫感的有机结合，同时也体现出活动的刻不容缓，使得读者越发想要了解具体的内容细节。

040 借势型标题：借助最新的热门事件

　　借势是一种常用的软文写作手法，借势不仅完全是免费的，而且效果还很可观。借势型标题是指在文章标题上借助社会上一些事实热点、新闻的相关词汇来给文章造势，增加点击量。

借势一般都是借助最新的热门事件吸引读者的眼球。一般来说，时事热点拥有一大批关注者，而且传播的范围也会非常广，微信公众号、APP 文章的标题借助这些热点就可以让读者轻易地搜索到该篇文章，从而吸引读者去阅读文章里的内容。

那么，在创作借势型标题的时候，应该掌握哪些技巧呢？笔者认为，我们可以从如图 4-28 所示的 3 个方面来努力。

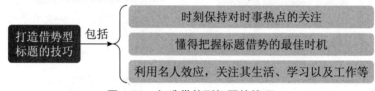

图 4-28　打造借势型标题的技巧

专家提醒
ZhuanJiaTiXing

需要注意的是，在打造借势型标题的时候，要注意两个问题：一是带有负面影响的热点不要蹭，大方向要积极向上，充满正能量，带给读者正确的思想引导；二是最好在借势型标题加入自己的想法和创意，然后将发布的文章内容与之相结合，做到借势和创意的完美同步。

春节将至，支付宝一年一度的"集五福抽红包"活动又开始火热起来，无论是朋友圈、QQ 空间，还是微博，都可以看到求"敬业福"等各种福的动态。"集福"活动俨然已经成为一种风潮，于是微信公众号"姜茶茶"便借此热点，推出了一篇题为《连五福都不给我，还好意思说是朋友？》的文章，如图 4-29 所示。

除了活动热点，热门的音乐、影视剧也可以成为借势型标题的依托，如最近热播的《琅琊榜2》就成功吸引了广大观众的注意力，这么红火的热点，当然不能放过。"视觉志"就借助它的人气，打造了一篇名为《〈琅琊榜2〉：成长选择了我，所以我成长》的文案，如图4-30所示。

图4-29　"姜茶茶"的借势型标题　　　图4-30　"视觉志"的借势型标题

041 新闻式标题：一针见血，具有权威性

新闻式标题的特点是正规权威，严肃认真，形式则比较多样，有单式标题和复式标题之分。这种类型的标题主要适用于企业的官方新闻，用于宣布比较正式和严肃的事件。

知识解析

新闻式标题虽然比较常见，但想要撰写出一个正规的新闻式标题也不是那么容易的，只有掌握了如图4-31所示的3个要素，才能达成目标。

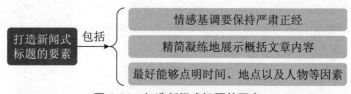

图4-31　打造新闻式标题的要素

案例展示

新闻式标题的特点是"一针见血，具有权威性"，图 4-32 所示为"中国房地产报"发布的新闻式标题。

图 4-32 新闻式标题的案例

从标题案例中可以看出，新闻式标题少有趣味可言，而且大多包括了文章的大致内容。如《中房报与云南宁蒗签约联合开发特色小镇》一题，就点明了对象、事件等重要内容，让读者看一眼就知道文章要讲什么，直截了当也是新闻式标题的重要特征之一。

042 独家性标题：体现一种独有的珍贵资源

独家性标题，也就是从标题上体现出公众号、APP 平台所提供的信息是独有的珍贵资源，值得读者点击和转发。

从大众的心理方面而言，独家性标题所代表的内容一般会给人一种自己率先获知而别人所没有的感觉，因而在心理上更容易满足。在这种情况下，好为人师和想要炫耀的心理就会驱使读者自然而然地去转发，成为微信公众号、APP 潜在的传播源和发散地。

知识解析

独家性标题会带给读者独一无二的荣誉感，同时还会使得文章内容更具吸引力，那么，在撰写这样的标题的时候，我们应该怎么做呢？是直接点明"独家资源，走过路过不要错过"，还是运用其他的方法暗示读者文章的内容是与众不同的呢？在这里，笔者提供如图 4-33 所示的 3 点技巧，帮助大家成功打造夺人眼球的独家性标题。

图 4-33　打造独家性标题的技巧

专家提醒
ZhuanJiaTiXing

独家性的标题往往也暗示着文章内容的珍贵性，因此撰写者需要注意，如果标题使用的是带有独家性质的形式，就必须保证文章的内容也是独一无二的。独家性的标题要与独家性的内容相结合，否则会给读者造成不好的印象，从而影响后续文章的阅读量。

案例展示

使用独家性标题的好处在于可以吸引到更多的读者，让读者觉得文章内容比较珍贵，从而主动宣传和推广，达到广泛传播的效果。图 4-34 所示为独家性标题的典型案例。

第一个"新媒体课堂"的标题亮点在于"秘密"一词，看到"赚钱秘密"，很多读者都会忍不住想要点开文章查看其中的内容，了解究竟有何诀窍；第二个"Pan 式爱美哲学"的标题也是一样，同样是通过"秘密"一词来吸引读者的眼球，目的就是提升文章的浏览量，而这样的独家性标题确实也能做到有效吸粉。

图 4-34　独家性标题的案例

043　励志式标题：讲述自己成功背后的辛酸

励志式标题最为显著的特点就是"现身说法"，一般是通过第一人称的方式讲故事，故事的内容包罗万象，但总的来说离不开成功的方法、教训以及经验等。

如今很多人都想致富，却苦于没有致富的方法，如果这个时候给他们看励志式软文，让他们知道企业是怎样打破困难的枷锁，走上人生巅峰的，他们就很有可能对带有这类标题的文章感到好奇，因此这样的标题结构就会看起来具有独特的吸引力。励志式标题模板有如图 4-35 所示的两种。

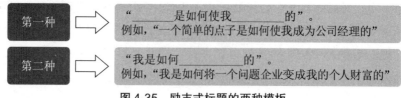

| 第一种 | ➡ | "＿＿＿＿＿是如何使我＿＿＿＿＿的"。
例如，"一个简单的点子是如何使我成为公司经理的" |
| 第二种 | ➡ | "我是如何＿＿＿＿＿的"。
例如，"我是如何将一个问题企业变成我的个人财富的" |

图 4-35　励志式标题的两种模板

这 18 个标题技巧，决定了你文章的点击率 👤

励志式标题的好处在于煽动性强，容易制造一种鼓舞人心的感觉，勾起读者的阅读欲望，从而提升文章的打开率和点击率。

那么，打造励志式的标题是不是单单依靠模板就好了呢？答案是否定的，模板固然可以借鉴，但在实际的操作中，还是要根据文章内容的不同而研究特定的励志式标题。总的来说有 3 种经验技巧可供借鉴，如图 4-36 所示。

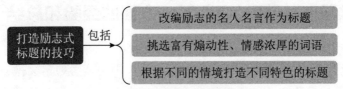

图 4-36　打造励志式标题的技巧

案例展示

一个成功的励志式标题不仅能够带动读者的情绪，而且还能促使读者对文章产生极大的兴趣，从而产生一定的影响。如图 4-37 所示，为励志式标题的典型案例展示，带有较强的励志情感。

图 4-37　励志式标题

专家提醒
ZhuanJiaTiXing

励志式标题一方面是利用读者想要获得成功的心理；另一方面则是巧妙掌握了情感共鸣的精髓，通过带有励志色彩的字眼来引起读者的情感共鸣，从而成功吸引读者的眼球。

044 经验式标题：吸取某一方面的经验和总结

在生活中，经验式标题特别受读者喜爱，因为读者通常会抱着在文中吸取某一方面的经验和总结的目的性去阅读软文，以提高自身的能力。而带有此类标题的文章通常也会为读者提供富有价值的经验和技巧，故能有效吸引固定的粉丝，提升粉丝总数。

知识解析

这种类型的文章标题对文章编辑者的要求很高，主要是通过对大量文章的阅读对比给读者一个眼前一亮的结果，简单而明了，使其读过之后少走一些弯路。另外，经验式标题下的文章内容，还需要达到如图 4-38 所示的 3 个要求。

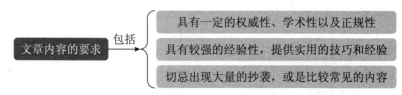

图 4-38　经验式标题下的文章内容需要达到的要求

那么，经验式的标题究竟应该如何打造呢？很多人会想，经验式标题不就是显示出自己的文章含金量高吗？实际上，仅仅这一点还不足以打造一个完美的经验式标题，只有达到如图 4-39 所示的 3 点要求才能如愿以偿。

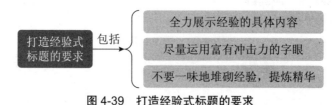

图 4-39　打造经验式标题的要求

这18个标题技巧，决定了你文章的点击率 👤

案例展示

例如"女人一生一定要做的20件事"、"必备！5大澳洲留学必下APP"等，都属于经验分享式的软文，吸引人的地方就在于干货多、归纳性强以及比较实用，这是很多读者都喜欢的。如图4-40所示，为典型的经验式标题。

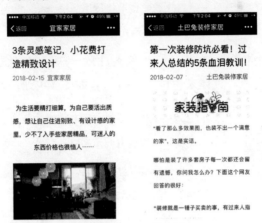

图 4-40 经验式标题

一个是"宜家家居"发布的"3条灵感笔记，小花费打造精致设计"，一个是"土巴兔装修家居"发布的"第一次装修防坑必看！过来人总结的5条血泪教训！"。两者都带有经验式标题的特征，而且可以看到的是，它们都运用了数字。对于经验式标题而言，数字是总结的象征，因此比较常用。

此外，"土巴兔装修家居"打造的标题经验意味又更加强烈，突出展示了"教训"和感叹号，以引起读者的注意力，效果可能会更佳。

045 提示式标题：暗示读者去做或去思考某些事情

提示式标题，是以劝勉、叮咛以及希望等口气来撰写标题，其主要目的是催促读者采取相应的行动，起到呼吁的作用。

知识解析

这一类提示式标题容易让人产生共鸣，但是需要注意的是在写作这类标题时要绝对谨慎，否则容易引起读者反感。提示式标题兼具多种优点，主要的有如图 4-41 所示的 3 点。

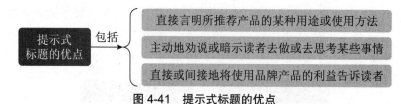

图 4-41　提示式标题的优点

当然，在撰写此类标题的时候，也需要注意一些问题，比如不能过度提示，避免引起读者的反感，具体来说撰写的技巧有如图 4-42 所示的 3 点。

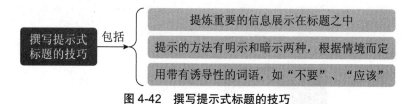

图 4-42　撰写提示式标题的技巧

案例展示

例如，"职场"推送的文章标题是"当你不够强大，请离负能量远点"，这里的"请"是提示式标题的标志，也是明示的一种。"哎呦科技"推送的标题"iOS11 里最该体验的是它～"，其中"最该"是提示的标志，如图 4-43 所示。

图 4-43　提示式标题

046 观点式标题：以表达观点为核心的一种标题形式

观点式标题，是以表达观点为核心的一种标题撰写形式，一般会在标题上精准到人，并且把人名镶嵌在标题之中。值得注意的是，这种类型的标题还会在人名的后面紧接对某件事的个人观点或看法。

知识解析

观点式标题比较常见，而且可使用的范围比较广泛，常用公式有如图4-44所示的5种。

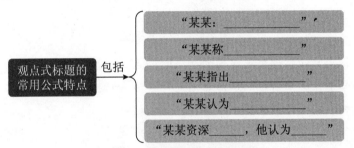

图 4-44 观点式标题的常用公式

当然，公式是一个比较刻板的东西，在实际的标题撰写过程中，不可能完全按照公式来做，只能说它可以为我们提供大致的方向。那么，在具体的观点式标题撰写时，有哪些经验技巧可以借鉴呢？笔者将其总结为如图4-45所示的3点。

图 4-45 观点式标题的撰写技巧

案例展示

微信公众号"人物"发布的两篇文章，运用的就是典型的观点式标题。

一个是"郭德纲：当导演不用学习，一看就知道"，另一个是"星际老男孩黄旭东：我不想变成一个无聊的大人"，如图 4-46 所示。

图 4-46　观点式标题

这两篇文章的标题都是运用的相同的观点形式，即"某某：＿＿＿＿＿"，只不过第二个在某某前添加了形容词进行修饰。而某某后面则是观点的展示，同时这个观点也是与文章的中心思想相互映衬的。

专家提醒
ZhuanJiaTiXing

　　提示式标题的好处在于一目了然，"人物 + 观点"的形式往往能在第一时间引起读者的注意，特别是当人物的名气比较大时，更容易提升文章的打开率。

047 建议式标题：以传递知识为噱头，吸引注意力

建议式标题，就是文章创作者通过标题给读者传递一种实用的方法和建议，从而让读者清晰地了解文章的主体内容。此外，这种标题还能够以传递知识为噱头，有效吸引读者的注意力。

不管是直接的建议，还是间接的建议，这种形式的标题都比较容易引起

读者的注意，因为大多数读者都想从别人那里得到关于生活、工作以及学习等方面的指导和建议。因此，建议式标题是比较受欢迎的。

当然，在撰写这类标题的时候，也不能生硬地着重突出"建议"二字，更重要的是让读者知道文章的内容对他们而言是有利可图的。那么，具体应该怎么打造建议式标题呢？笔者将其方法总结为如图 4-47 所示的 3 点。

图 4-47　建议式标题的打造方法

图 4-48 所示为建议式标题的典型案例。

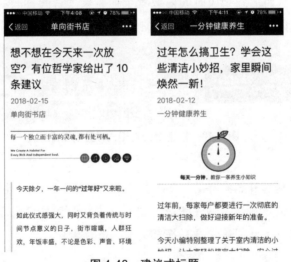

图 4-48　建议式标题

第一个是"单向街书店"推送的"想不想在今天来一次放空？有位哲学家给出了10条建议"，是明显的建议式标题，文章内容也是围绕10条建议展开的。第二个是"一分钟健康养生"推送的"过年怎么搞卫生？学会这些清洁小妙招，家里瞬间焕然一新！"，是针对"搞卫生"提出的解决办法，也是建议式标题的形式之一。

专家提醒
ZhuanJiaTiXing

建议式标题就是给读者提供解决问题的办法和建议，关键在于问题的解决。同时，文章的内容也应该涉及对解决方案的描述。

048 揭露真相式标题：抓住人们的好奇心跟八卦心理

揭露真相式标题是指为读者揭露某件事物不为人知的秘密的一种标题。大部分人都会有一种好奇心和八卦心理，而这种标题则恰好可以抓住读者的这种心理，从而给读者传递一种莫名的兴奋感，充分引起读者的兴趣。

知识解析

微信、APP 以及自媒体平台软文的编辑可以利用揭露真相式标题做一个长期的专题，从而达到一段时间内或者长期凝聚读者的目的。而且，这种类型的标题比较容易打造，只需把握如图 4-49 所示的 3 大要点即可。

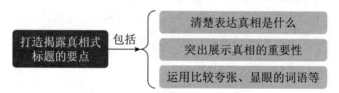

图 4-49　打造揭露真相式标题的要点

专家提醒
ZhuanJiaTiXing

揭露真相式标题，最好在标题之中显示出冲突性和巨大的反差，以有效吸引读者的注意力，使得读者认识到文章内容的重要性，从而愿意主动阅读文章，提升文章的阅读量。

案例展示

"新媒体课堂"发布的两篇文章的标题都是揭露真相式，如图 4-50 所示。一个是"黑科技揭秘：我们盼望公众号实现的功能，头条号都做出来了"；另一个则是"公众号黑科技：微信官方都不知道的技巧"。

这18个标题技巧，决定了你文章的点击率 👤

两者都侧重于揭露事实真相，文章内容也是侧重于讲解不为人知的新鲜知识，从标题上就做到了先发制人，因此能够有效吸引读者的目光。

图 4-50　揭露真相式标题

揭露真相式标题其实和建议式标题有不少相同点，它们都提供了具有价值的信息，能够为读者带来实际的利益。当然，所有的标题形式实际上都是一样的，都带有自己的价值和特色，否则也无法吸引读者的注意，更别提为文章的点击率和阅读量做出贡献了。

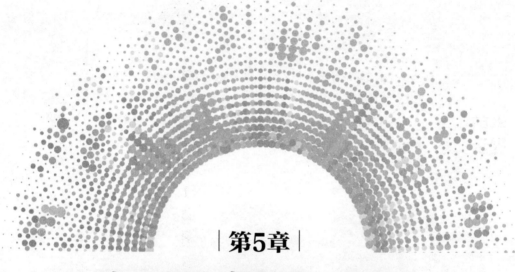

| 第5章 |

这13招内容布局，决定了
你文章的点赞率

一篇文章的精华是什么？有的人说是标题，有的人说是正文，有的人说是格式，各执己见。

一篇真正受到读者欢迎和青睐的文章，是少不了细致精美的内容布局的。内容布局的好坏，可以决定一篇文章点赞率的高低。

049 文字式：内容都是用纯文字描述

文字式的内容布局，指的是整篇文章，除了那些邀请读者关注该微信、APP 以及自媒体平台的图片或者是文章尾部的二维码图片之外，文章中要表达的内容都是用纯文字进行描述的，没有嵌入任何的图片。

知识解析

在微信、APP 以及自媒体平台上，有这种形式的正文存在，但不是特别常见。因为这种形式的正文，如果它的字数很多，篇幅很长，那么就非常容易引起读者的阅读疲劳以及抵触心理。所以，微信公众号、APP 以及自媒体平台经营者在推送文章的时候，用这种形式来传递正文的不是太多。

而且这种纯文字式的正文内容布局，对文章本身的内容要求也比较高，如果质量不佳且字数偏多，就会引起读者的反感，有的读者甚至会读到一半就放弃阅读。那么，纯文字式的文章内容要达到怎样的要求才能吸引读者的眼光呢？笔者将其主要的要求总结为如图 5-1 所示的 3 点。

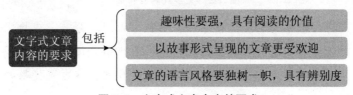

图 5-1　文字式文章内容的要求

专家提醒
ZhuanJiaTiXing

文字式的文章内容一方面比较容易打造，因为形式单一，不需要花费太多心思设计；另一方面又不太好打造，因为想要通过纯文字的内容来吸引读者眼球，对文字功底和讲故事的能力要求是非常高的，读者的注意力都集中在文字上。

因此，纯文字的正文内容布局形式有利有弊，主要看撰写者怎么把握，怎么去布局以及编排。

图 5-2 所示为微信、APP 以及自媒体平台推送的用纯文字形式来传递软文正文内容的案例。

"张先生说"发布的一篇微信文章就是纯文字的形式，而且他是通过讲述身边人物故事的方式来传递内容，让文章显得更加接地气，更具真实感，读者也更容易信服，从而产生情感的共鸣。

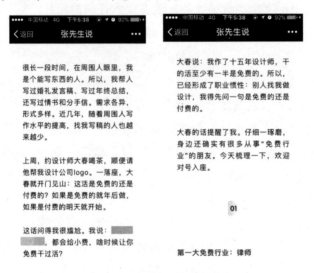

图 5-2　文字式内容布局

文字式的内容布局虽然比较单一，但也可以通过分节、变换字体颜色等方式来引起读者的注意。长篇幅的文字或多或少都会使读者产生阅读的不适感，因此，适当地对文章排版进行调整是有必要的，这也是拯救纯文字文章内容的一种办法。

050　图片式：正文内容都是以图片表达

图片式的正文指的是，在整篇软文中，其正文内容都是以图片表达的，没有文字或者文字已经包含在图片里面了。这种图片式的文章内容也是比较常用的，特别是在各种促销活动中出现得比较频繁。

这13招内容布局，决定了你文章的点赞率 👤

知识解析

文案的正文内容都是通过图片的形式进行表达，有的是直接几张图片，有的则是图片中包含文字，但还是以图为主，文字为辅。图片式的内容布局的好处显而易见，主要在于如图5-3所示的3点。

图5-3　图片式内容布局的好处

那么，通过图片传达文章内容有什么诀窍呢？是不是直接把图片发出来就好了呢？还是要经过仔细的考虑和分析？笔者认为，图片式的文章内容布局绝不会比文字式的文章内容布局简单，具体的技巧有如图5-4所示的3点。

图5-4　图片式内容布局的技巧

案例展示

以"施华洛世奇"推送的内容为例，该内容就是图片式的内容布局。它的正文内容都是以图片为主，以极具创意的方式将产品、图片以及产品的描述文字结合为一体，给读者带来了一场视觉盛宴，留下了极为深刻的印象，如图5-5所示。

专家提醒
ZhuanJiaTiXing

　　图片式的内容布局往往能够传达出更为直观和生动的品牌理念、产品特色以及企业文化，对于偏向商业性的文章而言，这种形式是很实用的。不仅如此，从视觉效果的角度来看，图片也更加容易被读者接受。

图 5-5　图片式内容布局

051　图文结合式：图片跟文字相结合的形式

图文结合式，顾名思义，就是把图片和文字结合起来展示的一种形式。很多文章采用的都是图文结合式来传达正文内容，这种形式最为常见，也是比较实用。

知识解析

微信、APP 以及自媒体平台正文的呈现形式可以是一张图也可以是多张图，这两种不同的图文形式，呈现出的效果也是不一样的。那么，在打造这样的内容布局时，应该掌握哪些要点呢？笔者将其总结为如图 5-6 所示的 3 点。

图 5-6　打造图文结合式的要点

案例展示

前面提到过，图文结合式分为两种呈现形式，一种单张图片；另一种是多张图片，两种形式传达出来的效果各有千秋，下面具体介绍。

1.单张图片，"万花丛中一点绿"

如果微信、APP 以及自媒体平台发布的是一张图消息，那么点开文章，可以看见的是一张图片配一篇文字，如图 5-7 所示。

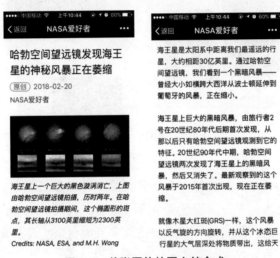

图 5-7　单张图片的图文结合式

"NASA 爱好者"发布的这篇名为"哈勃空间望远镜发现海王星的神秘风暴正在萎缩"的文章，就只有篇头的一张图片作为文字的点缀。这张图片的作用在于吸引读者的注意，同时也是为了让本来比较复杂的文字内容更容易被读者理解。

2.多张图片，"图文相间更规律"

如果微信、APP 以及自媒体平台发布的是多张图的消息，那么点开文章看见的就是一篇文章中配多张图片。图 5-8 所示为"Burberry"公众号推送的多张图呈现的软文正文。

多张图片的形式适用于展示产品、风景以及人物等内容，一张图片然后一段文字，可以对图片中的内容进行介绍和讲解，让读者看得更清楚、更明白。当然，图文结合式也要注意排版的合理性，文字和图片的大小、位置要符合读者的阅读习惯。

图 5-8　多张图片的图文结合式

专家提醒
ZhuanJiaTiXing

图文结合的内容布局形式更加直观形象，一方面不至于太过单调、死板；另一方面又没有那么花哨，让人眼花缭乱、应接不暇。总的来说，图文结合式不仅是最常用的内容布局形式，而且也是最受欢迎的内容布局形式。

052 视频式：将要宣传的卖点拍摄成视频

通过视频形式传递微信、APP 以及自媒体平台正文是指各大商家可以把自己要宣传的卖点拍摄成视频，发送给广大用户群。它是如今比较热门的一种传递微信、APP 以及自媒体平台正文的形式。

相比文字和图片，视频更具备即视感和吸引力，能在第一时间快速地抓住受众的眼球，从而达到理想的宣传效果。具体而言，视频式有如图 5-9 所

这13招内容布局，决定了你文章的点赞率 👤

示的 3 个优点。

图 5-9　视频式的优点

视频式的内容布局重点在于视频的拍摄、选取以及上传，那么，在上传视频之前应该检查哪些事项呢？笔者将其总结为如图 5-10 所示的 3 点。

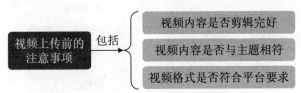

图 5-10　视频上传前的注意事项

做好相关的准备工作后，就可以在平台上发布视频了。以微信公众号为例，首先将视频上传到微信公众平台上，保存到素材库中，然后在发布视频的时候选择"从素材库中选择"的选项，或者将视频保存到电脑中，最后通过"新建视频"选项来添加视频，"添加视频"的页面如图 5-11 所示。

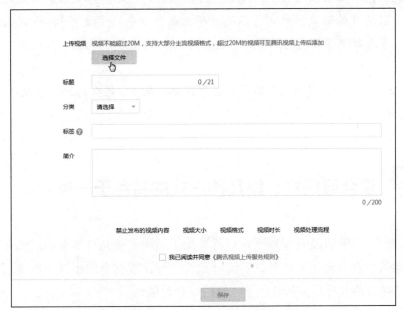

图 5-11　"添加视频"页面

图 5-12　视频式内容布局

从"一条"推送的内容可以看出，其内容布局都是一致的，即标题之后紧跟视频，而且视频的大小一般都保持在固定的范围。短视频的好处是可以有效吸引读者的眼光，但也有不足，那就是当读者处于没有 Wi-Fi 覆盖的环境时，考虑到流量费用的昂贵，可能会对观看视频有所顾虑。

专家提醒
ZhuanJiaTiXing

视频式的内容布局有时候是单独出现，但有的时候也会与文字、图片等形式结合展示，以充分展示文章内容，传递思想价值。

053 综合混搭式：集几种形式的特色于一身

微信、APP 以及自媒体平台运营者除了运用上述几种类型的方法向读者传递微信公众平台正文之外，还可以通过一种比较综合的形式来传递正文内容，即结合前几种形式的特色于一身的综合混搭式。

顾名思义，综合混搭式就是将上述传递平台正文的 4 种形式中的一部分综合起来，运用在一篇文章里。

综合混搭式可谓是集几种形式的特色于一身，兼众家之所长。这种形式能够给读者极致的阅读体验，让读者在阅读文章的时候不会感觉到枯燥乏味。微信、APP以及自媒体平台运营者运用这种形式传递正文也能够为自己的平台吸引更多的读者，增加平台粉丝的数量。

那么，在打造这样的内容布局的过程中，我们应该从何下手呢？各式各样的形式，文字、图片、语音以及视频等的混搭绝不是指胡乱地搭配，那么，具体怎样做呢？笔者将其技巧总结为如图5-13所示的4点。

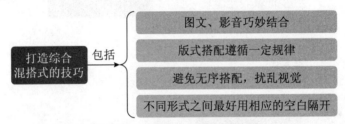

图 5-13　打造综合混搭式的技巧

微信、APP以及自媒体平台是通过综合形式向读者传递正文内容的，并不是指在一篇文章中要出现所有的形式，而是只要包含三种或者三种以上形式就可以被称为是以综合形式传递正文。

就目前而言，将每种形式都包含在一篇文章里面的微信公众号不是很多，但一篇文章中包含三种或者三种以上形式的还是比较常见的。这样的形式让内容显得更加丰富多彩，也更加容易吸引读者的注意。

就目前而言，综合混搭式有几种不同的搭配形式，比如"图片＋文字＋语音"、"图片＋文字＋视频"、"图片＋文字＋动图"以及"图片＋文字＋

动图＋视频"等。下面就一一展示这些综合混搭式的文章内容布局，让我们一起从案例中欣赏形式之美。

1. "图片＋文字＋语音"，层次井然

以"独木舟"推送的题为"小樽，突然想看一场雪"的文章为例，它采用的就是"图片＋文字＋语音"的形式。

如图 5-14 所示，首先映入读者眼帘的是文章的题目。然后是语音，也就是编辑者插入的背景音乐，紧接着是一张图片，最后是文字的描述。这 3 种形式虽然同时在一篇文章中出现，但没有给人带来一点不适的视觉效果，反而给人一种层次分明、秩序井然的感觉。

图 5-14 "图片＋文字＋语音"

值得注意的是，语音一般分为两种，一种是背景音乐，即上述例子中提到的；另一种是创作者的录音，通常是创作者编辑的。如图 5-15 所示，为"十点读书"发布的一篇文章，这里的语音就是文章内容的音频形式。

2. "图片＋文字＋视频"，全面呈现

"Tiffany 蒂芙尼"推送的"倾听全世界爱的故事"，运用的就是"图片＋文字＋视频"的形式，如图 5-16 所示。

这种形式更容易展示出全面的文章内容，文字作为引子，然后是视频的展示，后面是图文结合。图文结合的形式是对视频的延续和拓展，对视频进行了较好的补充。

这 13 招内容布局，决定了你文章的点赞率 👤

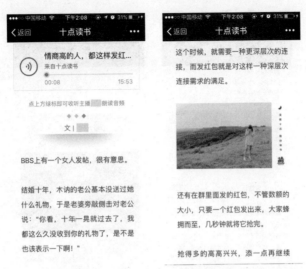

图 5-15　包含文章内容的音频形式

图 5-16　"图片＋文字＋视频"

专家提醒
ZhuanJiaTiXing

有的读者在看完视频后，可能不会马上抓住文章的重点，这个时候再通过图片和文字来讲述文章的中心思想，就会让读者理解文章内容的时候不那么费力。

3. "图片＋文字＋动图"，生动活泼

"日食记"推送的文章就是运用"图片＋文字＋动图"的形式，如图 5-17

所示。

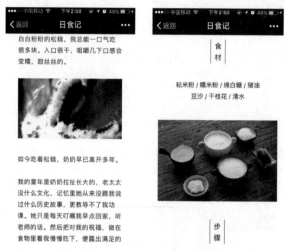

图 5-17　"图片 + 文字 + 动图"

从图中可以看出，这种形式实际上与图文结合时没有什么两样，只不过多了一种动图的形式，能够更加生动形象地展示出制作美味佳肴的动态过程。比如掰开松糕馅儿的那一刻、食材煮得正值沸腾的景象等，都需要通过动图来呈现，这也是这种形式的妙处所在。

4. "图片 + 文字 + 动图 + 视频"，各司其职

以"innisfree 悦诗风吟"推送的文章为例，如图 5-18 所示，就是通过"图片 + 文字 + 动图 + 视频"的形式来呈现文章内容的。

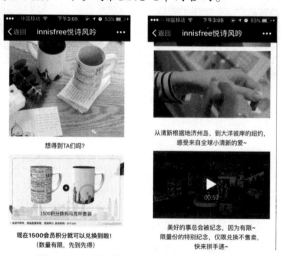

图 5-18　"图片 + 文字 + 动图 + 视频"

这13招内容布局，决定了你文章的点赞率 👤

一是通过图片来展示产品的特性，加上文字进行解说，二是通过动图来展示产品的功效，三是借用视频来展示企业实体店的整体环境，给读者留下深刻的品牌印象，进一步吸引有黏性的粉丝，巩固粉丝基础。这种形式实际上就是一种分工合作，让图片、文字、动图以及视频负责不同板块的工作，从而为读者展示更为全面的内容，有效吸引读者的注意力。

054 文章开头：软文开头的写作方法

一篇文章最重要的部分在于标题与文章主旨，除此以外便是文章的开头。在撰写文章的过程中，需要时刻谨记的就是开头必须足够吸引视线，只有在文章开头吸引到注意力，才能促使读者产生继续往下看的欲望。这与"转轴拨弦三两声，未成曲调先有情"的境界有异曲同工之妙。一篇绝妙的软文，如果能在开头留住受众，那么后面的内容自然就更加容易传播出去。

知识解析

文章开头的写法有很多，我们在学生时代学习写作文时应该就已经了解到一些特定的开头写法了，比如常见的开门见山、名人名言、讲故事以及排比等。对于软文而言，这些方法也是可以借鉴的。除此之外，还有一些专用的文章开头写法要了解，笔者将其总结为如图5-19所示的6点。

想象猜测型 ⇒	开头必须有一些悬念，给读者以想象的空间，最好是可以引导读者进行思考
波澜不惊型 ⇒	也叫平铺直叙型，即在撰写软文开头时，把一个故事有头有尾，一口气说出来
开门见山型 ⇒	直截了当，直奔主题，毫不拖泥带水地将主题体现出来
修辞手法型 ⇒	借用比喻、比拟、借代以及夸张等常用的修辞手法来打造文章的开头
幽默故事分享型 ⇒	通过分享幽默故事使读者获得快乐、喜悦以及愉快的感觉
引用名人名言型 ⇒	使用短小精练的名人名言，或者是使用诗词、谚语等都可以

图5-19 文章开头的写法

专家提醒
ZhuanJiaTiXing

不同的文章开头有不同的独特的风采和魅力，但它们有一个共同的目的，即都是为了吸引读者把文章一口气读完。之所以运用不同形式的开头，就是为了给读者提供丰富多彩、不落俗套的新形式，增加新鲜感，从而有效吸引住大众的眼光。

案例展示

既然不同的文章开头各有千秋，那么就一起来从实例中看看它们的巧妙之处吧。

1. 想象猜测型，从悬念中读出兴趣

想象猜测类型的开头可以稍稍增加一些夸张的写法，但不要太过夸张，可以适当采用拟人比喻手法的写实风格。最好做到在第一眼就引发读者展开丰富的联想，从而使得读者产生继续阅读的欲望。

图 5-20 所示为"德芙"发布的一篇文章，文章开头采用的就是想象猜测的形式，提出一个问题让读者进行思考，然后在后文中给出相应的答案，顺便不露痕迹地推荐自己的产品，一举两得。

2. 波澜不惊型，平铺直叙的魅力

波澜不惊型的文章开头往往简单明了，形式简洁，给人一种平平淡淡的感觉。它的好处在于娓娓道来，不紧不慢，美中不足的是如果文章本身没有什么热点或者噱头的话，很难引起读者的注意。图 5-21 所示为"宜家家居"采用的波澜不惊型文章开头，朴实无华的语言，给人一种温馨的感觉。

‹返回　　　德芙DOVE　　　•••

德芙七夕限量装礼盒，抢购倒计时

2017-08-27 德芙DOVE

当你忘了把浪漫七夕礼物呈到女友面前，
她说"忘了七夕没关系"时，
你以为她就真的"没关系"吗？

图 5-20　想象猜测型的文章开头

‹返回　　　宜家家居　　　•••

几样小装饰，让年夜饭更添气氛

2018-02-07 宜家家居

农历新年将至，家家户户筹备新年，
在这个难得团聚的日子里，
一个年味十足的年夜饭必不可少，
想要增添节日喜庆，除了大鱼大肉，
几样别致的装饰，也能瞬间烘托气氛。

图 5-21　波澜不惊型的文章开头

3. 开门见山型，直截了当来介绍

开门见山型指的是在文章的一开始，就引出文中的主要线索，讲述故事、揭示主题或点明说明的对象。在使用这种简单明了的开头方式时，务必语言朴实迅速切入正题，直接将要表达的内容主题摊开，切忌吊胃口。

同时需要注意的是，文章的主题或者事件必须要足够吸引人，否则的话最好还是不要用这种方法。图 5-22 所示为"泊美"推送的以开门见山的形式写的文章，文章的开头与题目相互呼应，一开始就点明了文章内容的重点，即"护手霜"。这就是开门见山型开头的特色所在。

4. 修辞手法型，排比比喻齐上阵

使用修辞手法撰写开头非常容易，而且由此可以衍生许多开头，运用得当能为文章增色不少。图 5-23 所示为"宜家家居"发布的排比式的文章开头。

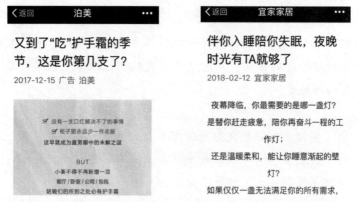

图 5-22　开门见山型的文章开头　　图 5-23　修辞手法型的文章开头

排比、比喻以及拟人等都是修辞手法的一种，修辞手法多种多样，运用到文章之中不仅能够有效吸引读者的眼光，而且还会为文章本身增添艺术价值。

5. 幽默故事分享型，用笑声感染你我

在写作中运用到幽默这一特质，效果往往会令人喜出望外。使用了充满幽默元素的故事或者场景作为开头的文章，能很好地吸引到读者的注意力。而且这种开头方式还能够在开头迅速确定中心思想与情感基调，更有利于读者理解。图 5-24 所示为"姜茶茶"推送的幽默故事分享型的文章开头。

6. 引用名人名言型，才华出众夺眼球

引用名人名言作为文章开头，既点明主旨又意蕴深厚，此外，还可以起到引领内容，凸显主旨与情感的作用。通常情况下，读者会因为这样的开头，

认为作者知识储量丰富、文采斐然，从而对文章更有信赖感。图5-25所示为"周冲的影像声色"发布的开头引用名人名言的文章。

日本美学家松浦弥太郎在《日日100》中说过：每个好物背后，都藏着一段故事，每个你选择使用的物品，都是一次自我表达。

图 5-24　幽默故事分享型的文章开头　　图 5-25　引用名人名言型的文章开头

从图中可以看出，文章在一开始就引用了日本美学家松浦弥太郎说过的话，目的是引起读者的注意，同时也为后文的描述埋下了伏笔，让文章内容能够顺其自然地发展。

专家提醒
ZhuanJiaTiXing

实际上，写软文与写作文有很大程度的相似点，但是与写作文相比，更加自由一些。软文只要内容有价值，将产品或者企业的文化理念融合进去，就是一篇值得一读的优秀软文。

055 文章结尾：软文结尾的写作方法

俗话说，"写文章要做到龙头凤尾猪肚皮"。意思就是说，软文的开头要精彩，能够吸引视线，而软文的正文需要内容翔实丰富。同样，软文的结尾也是一篇文章中的重中之重。

知识解析

软文的结尾与广告末尾的附文不一样，附文常见于报纸上的付费广告，

这13招内容布局，决定了你文章的点赞率 👤

用于详细介绍企业名称、产品服务、购买方法等信息。而软文的结尾，更加看重于对开头的呼应，有头有尾。那么，究竟要如何打造一篇文章的结尾呢？软文的结尾又有哪些写法呢？笔者将主要的几种结尾方法总结为如图 5-26 所示的 5 点。

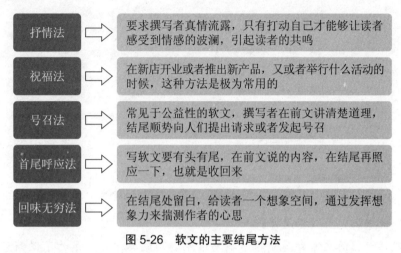

抒情法	➡	要求撰写者真情流露，只有打动自己才能够让读者感受到情感的波澜，引起读者的共鸣
祝福法	➡	在新店开业或者推出新产品，又或者举行什么活动的时候，这种方法是极为常用的
号召法	➡	常见于公益性的软文，撰写者在前文讲清楚道理，结尾顺势向人们提出请求或者发起号召
首尾呼应法	➡	写软文要有头有尾，在前文说的内容，在结尾再照应一下，也就是收回来
回味无穷法	➡	在结尾处留白，给读者一个想象空间，通过发挥想象力来揣测作者的心思

图 5-26 软文的主要结尾方法

案例展示

文章的结尾方法各异，目的却只有一个，那就是引起读者的注意，提升文章的阅读率。那么，这些结尾方法究竟有什么过人之处呢？它们具体又是怎么呈现在读者面前的呢？下面一一来看看不同结尾的文章案例。

1. 抒情法，情感共鸣打动人心

以抒情结尾，多见于记叙文文体性质的软文，除此以外，说明文与议论文也可以用，只是较为少见。图 5-27 所示为"新世相"推送的两篇文章的结尾，黑色加粗的字体是突出的重点内容，也是抒情的重点。这样一句话戳中了无数有着相同经历和感受的读者的心扉，营造了感人至深的氛围，形成了强烈的情感共鸣，从而促进文章的转发和传播。

专家提醒
ZhuanJiaTiXing

不仅如此，抒情式的结尾还能深化文章的主题，进一步加深读者的阅读印象。比如，本来文章只是在简单述说一个与主题相关的故事，而抒情式的结尾则能为故事提供升华的动力，进一步为文章添加丰富的内涵，让文章内容成功上升一个层次，达到更高的境界。

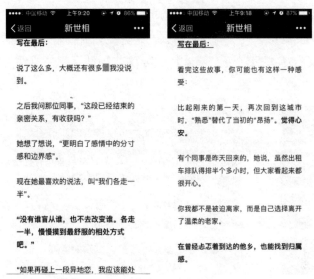

图 5-27 "新世相"文章的抒情结尾展示

2.祝福法，衷心祝愿俘获人心

充满祝福的文章结尾是很多撰写者都会用到的，无论是为了促销产品，获得读者的喜爱，还是为了吸引粉丝，拉近彼此距离，祝福法都是值得一试的。因为美好的祝愿能够使得读者对文章及撰写者产生好感，图 5-28 所示为"日食记"发布的文章，这两篇文章的结尾都对读者表达了衷心的祝福，成功俘获了他们的心。

图 5-28 "日食记"文章的祝福结尾展示

3.号召法，鼓舞人心马上行动

在文章的结尾发起号召是不少创作者喜欢使用的写作手法之一，而这样的结尾方式往往适用于行动力强的文章内容，比如邀请读者参与抽奖、集赞、留言以及问答活动等。图 5-29 所示为"Origins 悦木之源"推送的文章，其结尾写法采用的就是号召法。

图 5-29　"Origins 悦木之源"文章的号召结尾展示

从图中可以看出，第一篇文章的结尾主要是号召读者阅读原文，同时利用免费奖品诱惑读者，这是比较实用的；第二篇文章的结尾是号召读者在阅读文章后进行留言，然后在留言中抽取幸运粉丝，赠送相关的礼品。两者的共同点是号召读者参与相关的活动，同时通过给予一定的实际利益来吸引读者的注意力。

4.首尾呼应法，有头有尾点明中心

首尾呼应的写法，可以起到强调主题、加深印象以及引起共鸣的作用，同时能让结构显得严谨紧密，内容完整，达到全文自然明确的效果。很多文章都采用了这种结尾方法，如图 5-30 所示，为"星巴克中国"发布的题为"开工将至，定闹钟前，想好明天吃什么了么？"的文章。

专家提醒
ZhuanJiaTiXing

文章的结尾与开头遥相呼应，都以"工作"、"早餐"等词语为核心，点明了文章的主题，同时也给读者留下了深刻的印象，有效促进了产品的销售。

图 5-30　"星巴克中国"文章的首尾呼应展示

5. 回味无穷法，留下空白自行想象

"余音绕梁，三日不绝"，指的是音乐给人留下的动听感受持续时间很长，而写文章也是如此，目的就是给听者留下深刻的印象和回想的空间。在打造回味无穷的结尾时，除了精心设计之外，还可以从日常的生活中获取创作灵感，进而提炼出重点和精华。

图 5-31 所示为"二更"推送的两篇文章，它们的结尾都采用了回味无穷法，这样做的目的是引起读者的思考，同时提升文章的阅读效果。

图 5-31　"二更"文章的回味无穷结尾展示

这 13 招内容布局，决定了你文章的点赞率 👤

056 语言风格：选择适合的语言风格

语言是一篇文章吸睛的关键，而语言风格则是语言的灵魂。微信公众平台的文章编辑在编辑文章正文的时候，需要根据企业所处的行业、平台定位以及订阅群体选择适合该行业的语言风格。

知识解析

合适的语言风格能给公众平台的粉丝带来优质的阅读体验，但如何根据目标读者选取恰当的语言风格仍是一大难题，创作者在撰写文章内容的时候，或多或少会带入自己的写作风格，那么，具体应该怎么将自己的写作风格和文章内容结合呢？打造语言风格究竟有哪些技巧呢？笔者将其总结为如图 5-32 所示的 3 点。

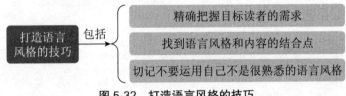

图 5-32　打造语言风格的技巧

案例展示

以"哎呦科技"公众号为例，它主要是为广大电子科技爱好者提供最新资讯，偶尔还会推送一些奇闻趣事。因此它的语言风格是比较幽默的，行文很轻松，就像和读者在聊家常一样，所以容易拉近与读者的距离，如图 5-33 所示。

当然，除了这种幽默型的语言风格，也有比较偏向于抒情文艺、清新自然的语言风格，图 5-34 所示为"雪肌精"发布的关于天猫情人节的产品活动软文。文艺清新的字眼与产品的定位无缝连接，不仅向读者介绍了产品的特色和优惠活动，而且还给读者带来了良好的阅读体验。

图 5-33　幽默的语言风格

图 5-34　文艺清新的语言风格

057 摘要信息：文章摘要也能吸引粉丝

在编辑图文的时候，在页面的最下方，有一个撰写摘要的板块。这部分的内容非常重要，因为发布消息之后，这部分的摘要内容会直接出现在推送信息中。

这 13 招内容布局，决定了你文章的点赞率 👤

知识解析

很多创作者光注重文章的正文，往往忽略了摘要。殊不知，摘要也是吸引粉丝的一大重点。在编辑摘要时，只有掌握了相关的方法，才能达到引流的效果。那么，究竟要怎么撰写摘要呢？笔者有几点心得想和大家分享，具体如图 5-35 所示。

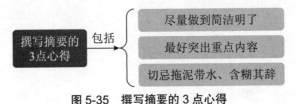

图 5-35 撰写摘要的 3 点心得

专家提醒
ZhuanJiaTiXing

如果微信运营者在编辑文章内容的时候，没有选择填写摘要，那么系统就会默认抓取正文的前 54 个字作为文章的摘要。这样做容易影响文章的整体效果，因为有时候文章开头可能没有涵盖关键内容，正文的前 54 个字可能不是读者想获取的信息。

案例展示

文章摘要大多是文章的精华内容，或是为了引出重点内容，如图 5-36 所示。

图 5-36 文章的摘要展示

058 文章干货：给出有价值的内容

对于微信、APP 以及自媒体平台来说，它之所以受到众多读者的关注，是因为读者从该平台上可以获取自己想要的信息。因此，平台提供的信息就必须是具有价值的干货内容，否则只会使得读者产生厌烦、抵触的情绪，从而影响到粉丝的增长和效益的提升。

知识解析

在平台运营中，保证推送的内容是价值性高且专业性强的干货内容，有着两个方面的原因，如图 5-37 所示。

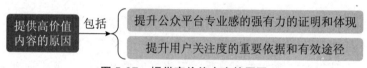

图 5-37　提供高价值内容的原因

通过平台推送的干货性质的内容，读者能够学到一些具有实用性和技巧性的生活常识和操作技巧，从而轻松解决平时遇到的一些疑问和难题。这一点，也决定了平台在运营方面是专业的，其推送的内容也是可以接地气的，带来的是实实在在的经验积累。

值得注意的是，究竟怎样的内容才是具有价值的呢？是否具有价值又有哪些评判标准呢？笔者认为，只要达到了如图 5-38 所示的 3 点标准，一篇文章的内容就是富有价值的，能够被读者信赖的。

图 5-38　具有价值的内容的标准

案例展示

干货性的文章通常在技巧类的公众号中展示，这类公众号发布的文章比较容易吸引到固定类型的粉丝，而且粉丝的黏度很高。图 5-39 所示为"手机摄影构图大全"推送的关于摄影技巧的文章，干货性很强，内容大多有技术含量，给读者带来了不少的好处。

图 5-39　具有价值的干货性文章

059 投票活动：让读者有参与感

让读者参与到平台的活动中来，能够极大地提升微信、APP 平台的影响力和关注度，特别是让读者参与投票活动，它不仅可以调动读者的积极性，而且还能使读者成为传播源，吸引更多的粉丝。

关于投票能够提升读者的参与感的提升这一问题，可以从 3 个方面来思考，如图 5-40 所示。

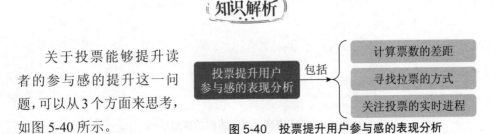

图 5-40　投票提升用户参与感的表现分析

同时，无论是在微信公众平台，还是在其他的新媒体平台设置投票活动的时候，都要对相关的问题进行仔细的考虑，具体的考虑内容如图 5-41 所示。

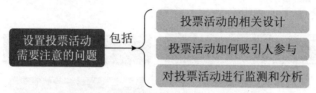

图 5-41　设置投票活动需要注意的问题

很多读者对于投票这一活动是很热衷的，原因有两点：一是参与投票活动让他们觉得自身的价值得到了发挥和展示；二是投票活动和单调的内容展示相比更加生动、互动性强，容易引起读者的注意。

案例展示

以微信为例，在其平台运营中，各种各样的投票层出不穷，如为偶像投票、为参赛作品投票等。这样的投票活动，是一种制造话题点和关注点的有效方法，能很好地让读者参与并融入其中，积极关注活动的进展情况，并积极为活动的扩大影响提供支持。图 5-42 所示为"蜜度蛋糕"在微信平台上的投票活动信息推送。

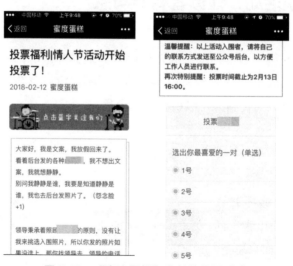

图 5-42　"蜜度蛋糕"发起的投票活动

这 13 招内容布局，决定了你文章的点赞率 👤

在投票这一过程中，平台运营者可以在后台把其程序设置成关注微信公众号后才可以投票，以吸引大量的读者朋友成为关注者，最终实现微信、APP 平台轻松吸粉的目的。

060 推送时间：固定每天的推送时间，让用户准时看

编辑微信、APP 以及自媒体平台运营内容之后，我们面临的下一个难题就是把握微信、APP 信息发送的时间。在什么时候发送微信、APP 和自媒体信息比较合适？哪个时间点文章的阅读率最高？

知识解析

众所周知，用户在收取信息的时候，会有这样一个规则，就是在后面发送信息的微信、APP 以及自媒体会在先发的内容的前面。也就是说在订阅号中的显示顺序和信息发送时间是呈反比的，即谁最后更新，谁就排在最上面。

因此，选择合适的发送时间对于微信、APP 以及自媒体运营者来说，是一件非常重要的事，这不仅会影响到文章的阅读次数，而且还会对文章的传播力度产生相应的影响。

那么，推送的具体时间到底应该怎么定呢？笔者根据经验，总结出了几个最适合微信、APP 和自媒体运营者推送信息的时间段，如图 5-43 所示。

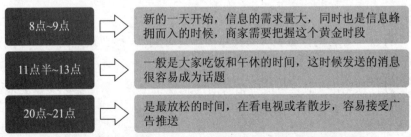

图 5-43　最适合微信、APP 以及自媒体运营者推送信息的时间段

在了解了最佳的信息推送时间后，微信、APP 以及自媒体运营者首先要做的是选择一个时间点固定、准时地推送信息。

这样既方便读者准时点击阅读，而不需要时刻查看该微信、APP以及自媒体是否推送了信息，又可以促进读者阅读习惯的养成，而且还有利于保持粉丝的关注度，并有效增强粉丝的黏度。

案例展示

以微信公众平台为例，笔者关注的公众号大多都是在早上8点至9点的时间段推送消息，如图5-44所示，"人物"、"做书"、"一条"以及"单向街书店"等都是如此。

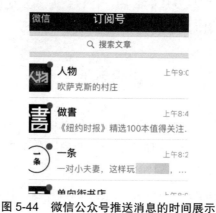

图 5-44　微信公众号推送消息的时间展示

061 文章预览：群发前一定要进行预览，力求完美呈现

不管创作者运用什么软件对文章内容进行编辑，都必须对文章进行预览。因为很多细小的错误可能在撰写的过程中就不知不觉地产生了，如果不在发布之前进行预览，就很有可能将错误的信息发布出去，从而影响文章的质量，进一步导致读者对内容产生不信任感以及失望的心理。

知识解析

为了向广大的读者展示尽可能完美无缺的文章内容，就应该在推送内容

这13招内容布局，决定了你文章的点赞率

前对其进行预览，很多平台都提供了这一功能，我们要懂得发挥这些功能的作用。那么，我们在预览文章的时候，究竟应该注意检查哪些事项呢？笔者将其具体内容总结为如图5-45所示的5点。

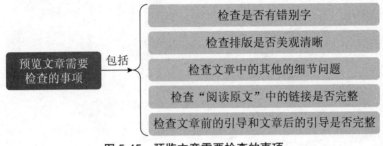

图 5-45　预览文章需要检查的事项

专家提醒
ZhuanJiaTiXing

文章的预览不仅是对文章内容负责任的表现，同时也是看重读者阅读体验的表现，《论语》中曾子说过："吾日三省吾身：为人谋而不忠乎？与朋友交而不信乎？传不习乎？"说的就是一个人对自己严格要求、自我省察，预览文章也是对文章的严格省察。

案例展示

以微信公众平台为例，在撰写好文章之后，应该对其进行相应的预览和检查，避免出现不应该有的错误和瑕疵，从而保证文章的基本质量，进一步为读者带来良好的阅读体验。

在微信公众平台上对文章进行预览是比较简单的，只要根据提示操作即可，下面具体介绍预览的步骤。

步骤01　以"手机摄影构图大全"公众号为例，进入公众号首页，单击最近编辑的文章后方的"编辑"按钮，进入文章的编辑页面，如图5-46所示。

步骤02　进入"文章编辑"界面，单击文章下方的"预览"按钮，如图5-47所示。

步骤03　执行上述操作后，弹出如图5-48所示的对话框，可根据自己的需求单击相应的选项来查看预览效果，如"图文消息"、"消息正文"、"分享到朋友圈"以及"发送给朋友"等。

图 5-46　微信公众平台主页

图 5-47　文章编辑页面

这13招内容布局，决定了你文章的点赞率 👤

图 5-48　预览页面展示

专家提醒
Zhuan Jia Ti Xing

　　值得注意的是，在微信公众平台上虽然可以对文章进行预览，但最好的方法还是发送到手机上预览。因为文章最终的受众是公众号的读者，他们中的绝大多数人都是通过手机这一工具来接收信息的。

| 第6章 |

这12招配图秘籍，提升了
10W+阅读量文案的阅读体验

学前提示

　　企业要想打造阅读量上 10 万的软文，就必须依靠软文的视觉功能，通过图片来获取阅读的点赞率，吸引用户的眼球。本章主要通过 12 招介绍 10W+ 文案标配美图的相关技巧。

要点展示

这 12 招配图秘籍，提升了 10W+ 阅读量文案的阅读体验 👤

062 品牌头像：最佳广告位要用好

说起新媒体运营企业的头像，那是非常重要的一个标志，一张优秀、吸引眼球的头像能够胜过千言万语，它能给读者视觉上的冲击，达到文字所不能实现的效果，也能为软文的阅读引来千万流量。下面为大家介绍头像设计的相关知识和设置方法。

一般说来，一些主观的设计、思想等之所以存在，就在于它具有某方面的作用和价值。关于头像设计的作用，主要包含两个方面：一是能吸引读者的注意力；二是具有扩大传播品牌的作用，其最终目的是为平台引入更多的人流。

从头像设计的作用出发可知，无论是自媒体人还是新媒体企业，都必须要重视企业品牌头像的设计。那么，什么样的头像能帮助企业吸引到更多的读者粉丝呢？粉丝越多，文章的打开率、阅读量就越高。就笔者看来，好的头像应该具备如图 6-1 所示的 3 个特点。

图 6-1 好的头像具备的特点

那么，我们应该如何达到这些头像设计的标准呢？清晰的图片、辨识度高的图片又应该去哪儿找呢？笔者将为大家一一介绍。

要想采用清晰的图片作为头像，只要保证图片是原图就行。而辨识度高则依赖于设计者的能力了，一般自媒体人和企业的头像主要来自于如图 6-2 所示的 3 种途径。

由此可见，头像的设计主要分为两大途径：一是原创；二是借用。笔者在此提供几个好用安全的图片网站，帮助大家积累头像素材，如图6-3 所示。

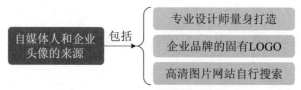

图 6-2　自媒体人和企业头像的来源

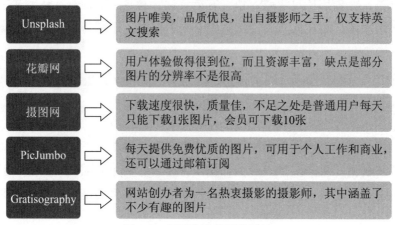

图 6-3　好用安全的图片网站

在这些图片网站不仅可以选取自己喜欢的图片作为头像，还可以从中挑选合适的图片插入文章中当作配图，可以说是一种资源，多种利用。

如果是企业为了销售产品或者宣传品牌理念，那么其微信公众号头像的设置又另有技巧，具体如图6-4 所示。

图 6-4　企业微信公众号头像的设置技巧

例如，"简书"在微信公众平台的头像就是一个非常简单的"简书文字＋英文字母"的设计字样，让读者、粉丝一眼就能在众多微信公众号中找到它，而"简书"电脑端使用的头像和简书微信公众平台的头像一样，都是以"简书文字＋英文字母"的字样作为头像，如图6-5所示。

图6-5　"简书"微信公众号的头像与电脑端的头像

【具体设置】

下面以"手机摄影构图大全"微信公众号为例，介绍设置企业品牌头像的具体操作方法：

步骤01　进微信公众平台，❶单击右上角的企业头像；❷在弹出的列表框中选择"账号详情"选项；❸进入"公众号设置"界面；❹单击中间下方的企业公众号的头像，如图6-6所示。

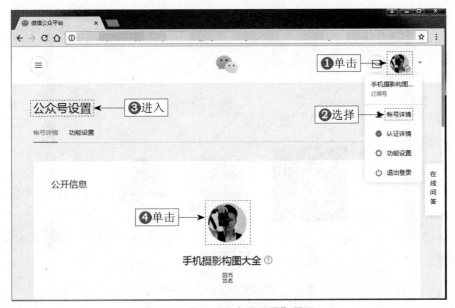

图6-6　进入"公众号设置"界面

步骤02　进入"修头头像"界面，❶单击中间的"选择图片"按钮，执行操作后；❷弹出"打开"对话框；❸在其中选择需要设置的企业品牌头像图片；❹单击"打开"按钮，如图6-7所示。

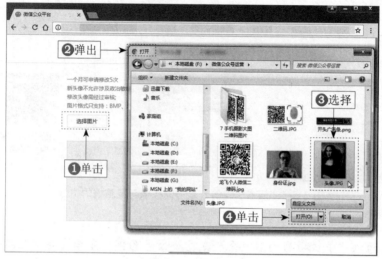

图6-7　选择公众号需要的头像

步骤03　执行上述操作后，返回"修改头像"页面，❶在其中显示了用户刚上传设置的企业品牌头像图片；❷单击"下一步"按钮，如图6-8所示，接下来即可完成品牌头像的设置。

图6-8　完成企业品牌头像的设置

这12招配图秘籍，提升了10W+阅读量文案的阅读体验 👤

063 软文主图：选择合适的封面图片

在介绍了新媒体中品牌头像的图片设计之后，接下来笔者将为大家介绍一下软文中封面主图的相关要求与技巧。

知识解析

文章主图设置的好坏会影响到读者点开文章阅读的概率，一张漂亮、清晰的主图能瞬间吸引读者的眼球，从而让读者产生进一步阅读的兴趣，在选取文章主图的时候还需要考虑图片的大小比例是否合适。比例适宜的主图，需要注意以下相关事项，具体如图6-9所示。

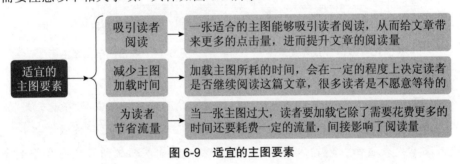

图6-9 适宜的主图要素

专家提醒
ZhuanJiaTiXing

封面图片的重要性是不容忽视的，它给读者带来了第一印象，也是整体印象，因为图片往往比文字的影响力更强。

在选择文章主图的时候，最好遵循3大原则，即高清、独特以及紧贴文章内容，只有这样才能为文章增光添彩。同时，这也是吸引读者眼球的绝佳方式之一。

案例展示

以微信公众号为例，文章的主图指的是打开一个公众号时，文章列表中每一篇文章都会配的一张图片。文章所配的图片大小是不一样的，只有头条文章所配的图片比例是最大的，这张图片才能被称为文章主图或者封面，如图6-10所示。而在今日头条平台，每一篇文章都可以配3张封面主图，如图6-11所示。

图 6-10　微信公众号文章主图　　　　　图 6-11　今日头条文章主图

【具体设置】

下面以今日头条公众号为例，介绍设置文章封面主图的具体操作方法。

步骤01　进入今日头条公众号后台，❶单击界面上方的"发表"按钮，进入文章发表页面；❷输入文章的标题内容；❸输入软文的正文内容并上传图片，如图6-12所示。

图 6-12　进入今日头条文章发表界面

这12招配图秘籍，提升了10W+阅读量文案的阅读体验 👤

步骤02　软文内容编写完成后，向下滚动鼠标显示相关内容，❶在"封面"选项区右侧选中"三图"单选按钮；❷在下方单击第一个封面框，如图6-13所示。

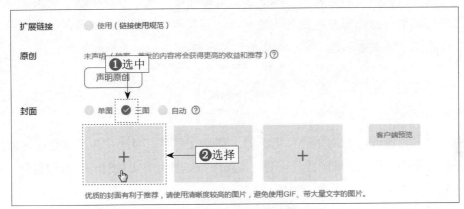

图 6-13　设置软文三图封面功能

步骤03　单击封面框后，弹出"正文图片"对话框，选择相应的封面主图，单击"确认"按钮，即可完成三图的封面主图设置，如图6-14所示。

图 6-14　今日头条三图封面效果

专家提醒
ZhuanJiaTiXing

对于今日头条平台的封面主图设置，有3种可选择的方式，第一种是单图封面主图；第二种是三图封面主题；第三种是由系统自动设置单图与三图封面。在这里，建议新媒体运营者使用三图封面主题，优质的封面主题图片可以得到今日头条平台更多的推荐量，这样可以获得更多的用户流量和软文点击率。

064 软文侧图：选择有吸引力的侧图

文章的侧图指的是微信、APP 以及自媒体平台文章列表中除了头条文章之外的文章所配的图片，侧图的显示比例和大小比主图要小很多，但侧图也能体现文章的主题思想，展示软文的核心内容。

知识解析

很多创作者认为侧图的作用不如主图那么重要，因此在选择侧图的时候不那么用心，结果造成阅读量下降。实际上，侧图也是文章的一个组成部分，它的价值和作用也是不容忽视的。

虽然很多时候主图掩盖了侧图的光芒，但侧图仍有自己的特色和亮点，那么，一篇文章中的侧图又应该如何挑选和打造呢？笔者将其技巧总结为如图 6-15 所示的 3 点，以供大家参考。

图 6-15 打造文章侧图的技巧

侧图是可以体现文章内容的，如果能让人一眼看出文章要表达什么则更好，使用表情包的作用也是快速吸引读者的注意，在这个充满新鲜元素的娱乐时代，幽默是最能引发共鸣的一种手段。

至于保持色系的一致，则是从读者的视觉体验角度出发的，比较相近的色彩搭配能够使得读者的心情愉悦，从而愿意接受文章的内容。

案例展示

虽然文章侧图所占的比例比较小，但是也不可以忽视它的作用，它有着跟主图一样的作用，能提高文章的阅读量以及带给读者良好的阅读体验，使得微信公众号能获得更多的读者支持。图 6-16 所示为"四六级考虫"和"一

这12招配图秘籍，提升了10W+阅读量文案的阅读体验

分钟健康养生"微信公众号发布文章的侧图效果。

图 6-16　文章侧图效果展示

【具体设置】

下面以微信公众号为例，介绍设置软文侧图的具体操作方法。

步骤01　进入微信公众号后台，❶在左侧文章的列表选择第 2 篇文章；❷在中间编辑好文章的标题、正文等内容，如图 6-17 所示。

图 6-17　选择并编辑好第 2 篇文章

步骤02　文章编写完成后，滚动鼠标滚轮至页面的最下方，在"封面"

选项区中，单击"从图片库选择"按钮，如图 6-18 所示。

图 6-18　单击"从图片库选择"按钮

步骤03　执行操作后，弹出"选择图片"对话框，❶在中间列表框中选择需要使用的软文侧图；❷然后单击下方的"下一步"按钮，如图 6-19 所示。

图 6-19　选择相应的侧图

专家提醒
ZhuanJiaTiXing

　　在微信公众平台的文章侧图设置中，有两种侧图的设置方式，一种是从正文中选择侧图素材；另一种是从图片库中选择并上传需要的侧图素材。

这 12 招配图秘籍，提升了 10W+ 阅读量文案的阅读体验 👤

步骤 04 在界面中对图片进行尺寸的选择，单击"完成"按钮，返回图文新建页面，其中显示了已经设置好的软文侧图效果，如图 6-20 所示。

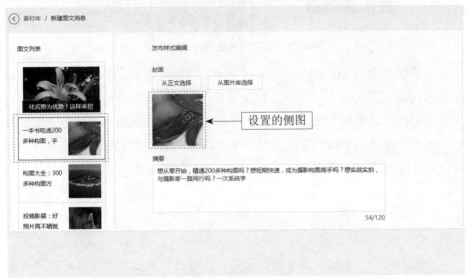

图 6-20 微信公众号文章侧图设置界面

065 图片颜色：选择合适的图片颜色搭配

微信、APP 以及自媒体平台运营者想要让自己的公众号图片吸引读者的眼球，所选的图片的颜色搭配就要合理。色彩搭配是一门学问，图片的颜色搭配也需要仔细研究。

图片的颜色搭配合适能够带给读者一种顺眼、耐看的感觉，从而提升其阅读体验，得到美的享受。对微信公众号而言，一张图片的颜色搭配需要做到以下三点，具体如图 6-21 所示。

很多读者在阅读文章的时候都希望能有一个轻松、愉快的氛围，不愿在压抑的环境下阅读，而色彩明亮的图片就不会给读者一种压抑、沉闷的感觉。

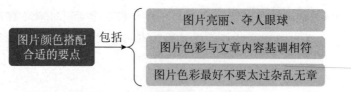

图 6-21　图片颜色搭配合适的要点

　　至于图片颜色与文章内容基调是否相符，也是在图片的细节处理中需要注意的问题。在微信、APP 以及自媒体平台上的软文图片处理也是如此。如果公众号推送的内容是比较悲沉、严谨的，那就可以选择与内容相适应的颜色的图片，比如偏于深色系的图片。如果这个时候使用太过跳跃的颜色，就会破坏文章的整体效果。

案例展示

　　一般来说，大多数公众号都会根据自己的固有风格或者推送的文章内容来决定图片的配色，目的就是让读者记住自己，留下深刻的印象。图 6-22 所示为"做书"和"人物"推送的文章配图颜色搭配。

图 6-22　图片颜色的不同搭配

　　从图片中可以看出，"做书"的图片颜色明显属于亮丽夺目一类，有力地冲击了读者的视觉，第一时间就抓住了他们的注意力。而"人物"根据内容来设置的图片颜色，由于是比较深沉、严肃的主题，因此采用的配图也很拘谨，为黑白色调。

066 图片尺寸：合适的尺寸让图片高清显示

图片除了需要注意颜色的选择之外，还应该选择合适的尺寸。因为一张合格、优秀的图片，不仅要协调、柔和，而且还要看得清，且尺寸大小符合读者的预期。

知识解析

"图片尺寸"，实际上指的不仅仅是图片本身的尺寸（即像素），同时还代表着排版中的图片展示。软文中的图片在排版中的尺寸大小一般都被限制在了固定的范围之内，不可能做太大的调整。因此，为了保持图片的清晰度，必须保证图片本身的尺寸大小，以提高图片的分辨率。

然而，图片高清显示的容量大小又与读者点击阅读软文信息时的体验息息相关。因此，在保持图片的高分辨率、不影响观看、顺利上传以及能够快速打开的情况下，怎样处理图片容量大小就成了一个十分关键的问题。关于这一问题，我们可以通过两种方法来解决，具体如下。

1. QQ 截图，让高清图片唾手可得

打开 QQ 界面，我们可以结合快捷键，以合适格式保存图像的方式得到普通大小的高清图片，具体步骤如下。

步骤 01 登录 QQ，❶单击 👤 图标，进入联系人列表；❷双击"我的 iphone"按钮，如图 6-23 所示。

步骤 02 执行上述操作后，即可进入到手机和计算机的对话框，如图 6-24 所示。打开一张图片，点击图片，将其放大。

步骤 03 执行操作后，就会看到高清大图。然后按【Ctrl+Alt+A】组合键，将会在图上显示一个截图范围图标，如图 6-25 所示。

步骤 04　❶移动鼠标至图片的左上角，然后按住鼠标左键并进行拖曳，选择高清图片；❷单击 🖼 图标，即可成功保存图片。

图 6-23　联系人列表

图 6-24　传输文件对话框

图 6-25　高清图片展示

图 6-26　传输文件对话框

2. 画图工具，高清图片一步到位

除了可以运用 QQ 截图把高清图片改为普通大小外，还可以通过画图工具来实现这一目标，具体步骤如下。

步骤 01　单击"开始"｜"程序"｜"附件"｜"画图"命令，打开"画图"工具，如图 6-27 所示。

步骤 02　在软件界面中，❶单击 🖼 图标；❷单击"打开"按钮即可打开需要修改的高清照片，如图 6-28 所示。

步骤 03　执行操作后，就会看到高清大图。然后❶单击 🖼 图标；❷再单击"另存为"按钮；❸在弹出的"另存为"窗格中选择"JPEG 图片"选项，如图 6-29 所示。

这 12 招配图秘籍，提升了 10W+ 阅读量文案的阅读体验 👤

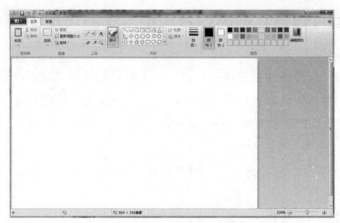

图 6-27 "画图工具"界面

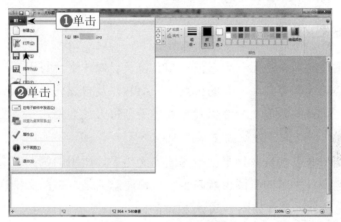

图 6-28 打开高清图片

图 6-29 存储高清图片

067 图片数量：根据内容决定排单图还是多图

对于如何安排图片数量这一问题，根本的依据还是文章的内容。不同的文章有不同的体例、形式以及侧重点，要想让图文完美搭配不是一件易事，那么，又应该如何来设置图片的数量呢？

关于图片的数量这一问题，大致可以从两方面来理解——公众号推送图文的多少和文章中排版所用图片的多少。下面将就这两个方面进行具体介绍。

1. 推送图文的多少，内容的数量

推送图文的多少是指一个微信、APP 以及自媒体平台每天推送的文章的多少。细心的读者会发现，有的公众号、APP 以及自媒体平台每天会发送好几篇文章。而有的微信、APP 以及自媒体平台每天只会推送一篇文章，甚至隔几天或者一段时间才发一篇文章。

微信、APP 以及自媒体平台推送的图文越多，所用的侧图就会越多；推送的图文越少，所用的侧图也就越少。值得注意的是，单图文推送和多图文推送的特色各异，具体如图 6-30 所示。

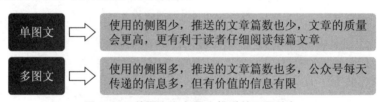

图 6-30　单图文和多图文推送的不同特色

专家提醒
ZhuanJiaTiXing

当然，也不排除有的多图文、文章篇数推送多的公众号也能够有效保证信息的价值性，因此不能绝对地说推送的文章少，质量就好；推送的文章多，就不具备可读性。

2. 文章排版所用图片的多少，配图数量

每个微信、APP 以及自媒体平台都有自己的特色，有的在文章内容排版

这12招配图秘籍，提升了10W+阅读量文案的阅读体验 👤

的时候会选择使用多图片的形式，有的则只会选择使用一张图片。这种多图片、少图片的排版方式会给读者带来不一样的阅读体验，它们的区别体现在如图6-31所示的两个方面。

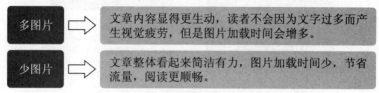

图6-31 多图与少图排版方式的阅读体验区别

案例展示

以微信公众号为例，首先从推送图文的多少来看，有的同一时间推送多图文消息，有的则只会推送一则消息，甚至很久都不发消息。图6-32所示为"4A广告门"和"二更"推送图文数量的对比展示。

图6-32 推送图文数量不同的微信公众号

再来看文章排版所用的图片多少，微信公众号也会根据文章的内容对其进行不同的安排，如图6-33所示，为"晚安少年"和"最美应用"推送的文章中所运用的图片。从图中可以看出"晚安少年"的这篇文章只用了一张图片，而"最美应用"则采用了多张图片作为陪衬。

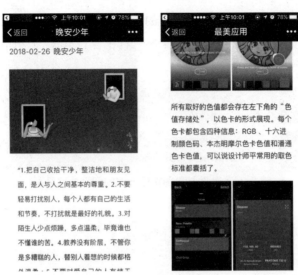

所有取好的色值都会存在左下角的"色值存储处"，以色卡的形式展现。每个色卡都包含四种信息：RGB、十六进制颜色码、本杰明摩尔色卡色值和潘通色卡色值，可以说设计师平常用的取色标准都囊括了。

图 6-33　排版所用图片数量不同的微信公众号

专家提醒
ZhuanJiaTiXing

　　有的文章可能不需要太多的图片进行辅助说明，只是起到一个丰富形式的作用，那么就只用一到两张图片就好；有的文章则必须要有多张图片来解释说明，才能将文章内容传达给读者。这就是为什么要根据文章内容安排图片数量的原因。

068　精修图片：软文图片的美化处理

　　企业、个人在进行微信公众号运营的时候，是离不开图片的点缀和美化的。图片是让微信公众平台的软文内容变得生动的一个重要武器，会影响到文章的阅读量。因此，当企业或个人利用图片给文章增色的时候，也可以通过一些方法给图片"化妆"，让图片更加有特色，吸引更多的读者。

知识解析

　　微信公众号平台的编辑给图片"化妆"，可以通过多种方式使得原本单调的图片，变得鲜活起来。那么，具体而言，有哪些方式可以让图片更加精美，更容易吸引眼球呢？下面为大家详细介绍两种方法。

1. 图片拍摄设置，亮眼图片一招搞定

微信公众号平台使用的照片来源是多样的，有的微信公众号平台使用的图片是企业或者个人自己拍摄的，有的是从专业的摄影师或者其他地方购买的，还有的是从其他渠道免费得到的。

对于自己拍摄图片的这一类微信公众号运营者来说，只要在拍摄图片时，注意拍照技巧的运用、拍摄场地布局以及照片比例布局等，就能使图片达到理想的效果。如果对于摄影不是十分精通，也可以关注摄影类的公众号进行了解和学习，比如"手机摄影构图大全"。

2. 图片后期处理，众多软件助力美图

微信公众号平台运营者在拍完照片后如果对图片不是太满意，还可以选择借助后期的力量对图片进行美化处理。现在用于图片后期的软件有很多，我们可以根据自己的实际技能水平选择图片后期处理软件，通过软件让图片变得更加夺人眼球。笔者在这里为大家介绍几款好用的后期处理软件，如图 6-34 所示。

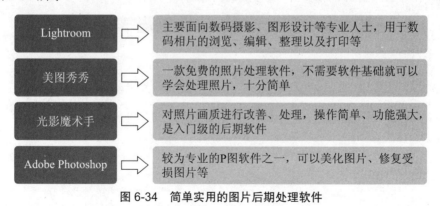

图 6-34　简单实用的图片后期处理软件

一张图片有没有加后期，效果差距是非常大的，因此给读者带来的视觉效果也是截然不同的。如果使用一张没有经过任何后期处理的照片作为文章

的陪衬，很有可能难以吸引读者的注意力，这个时候就需要对其进行精修和美化处理。

以美图秀秀为例，下面将介绍如何对原始的图片进行后期处理。

步骤01 打开美图秀秀软件，进入主页，如图6-35所示，单击"美化图片"按钮，进入图片美化界面。

图 6-35　美图秀秀主页

步骤02 执行上述操作后，即可看到如图6-36所示的页面，在弹出的对话框中单击"打开一张图片"，开始美化图片。

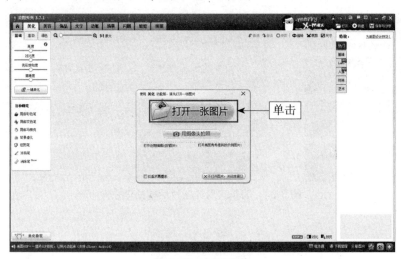

图 6-36　打开图片

步骤03 执行操作后，就会看到图片出现在中间，然后❶单击"一键美化"按钮，如图6-37所示；❷再单击"清晰度"按钮；❸接着单击"特效"按钮，

这 12 招配图秘籍，提升了 10W+ 阅读量文案的阅读体验 🙎

选择相应的效果即可。

图 6-37　"一键美化"

步骤 04　执行上述操作后，即可看到图片效果已经不同于原图了，如图 6-38 所示，这时单击"保存与分享"按钮即可。

图 6-38　图片美化界面

专家提醒 在选择图片特效的时候，最好不要选择太过夸张的效果，可以将其适当应用，调节到视觉上觉得舒适的程度即可。

069 图片容量：容量小的图片才能打开快

前面在讲文章主图的时候就提到过要选择适宜的图片，实际上，无论是主图还是其他的图片，都要经过仔细地斟酌，慎重考虑。

以微信公众平台为例，我们在选择图片尺寸大小的时候需要从不同的角度去考虑，具体如图 6-39 所示。

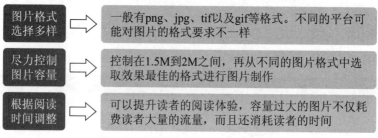

图 6-39 选择图片尺寸的考虑因素

例如，如果微信公众号平台定位的读者一般习惯晚上八九点阅读文章，而这个时间段基本上人们都是待在家里的，因此读者可以使用 Wi-Fi 打开微信公众号平台进行阅读。

在这种情况下，既不用担心读者的流量耗费，也不用担心图片加载过慢，那么文章编辑就可以适当地将图片的容量放大一些，给读者提供最清晰的图片，让读者拥有最好的阅读体验。

但是如果微信公众号平台定位的读者大部分都是在早上七八点钟阅读文章，那么读者使用手机流量上网的可能性就比较大，这时候如果公众号发送文章的话，就需要将图片的容量控制在上面所说的 1.5M 到 2M 之间，为读者节省流量的同时也节省图片加载时间。

这 12 招配图秘籍，提升了 10W+ 阅读量文案的阅读体验 👤

案例展示

以"手机摄影构图大全"为例，由于它是一个专门分享摄影技巧和经验的公众号，而且其粉丝、读者大多是摄影的爱好者，因此它的推送时间就选择了中午人们休息的时间。大部分读者这时候应该都是处在有无线网络的环境下的，所以文章中也就置放了很多高清图片，以供读者欣赏、品位。

图 6-40　"手机摄影构图大全"发布的文章图片

070 动图特效：GIF 更有动感效果

很多文章编辑在插入图片的时候都会采用 GIF 动图形式，这种动起来的图片确实能为公众号吸引不少的读者。GIF 格式的图片更加动感立体，相对于传统的静态图，它的表达能力更强大。静态图片只能定格某一瞬间，而一张动图则可以演示一个动作的整个过程，因此效果更好。

知识解析

作为一种独特的图片格式，GIF 的好处是显而易见的，不论是单独来看，还是作为文章中的插图，它都能带给读者不一样的阅读体验。那么，如果要在文章中插入动图，就不得不考虑如图 6-41 所示的 3 方面问题。

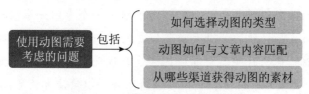

图 6-41　使用动图需要考虑的问题

首先，怎样获得动图素材，因为动图的制作不是一下子就能学会的，所以最好的办法就是去不同的渠道寻找动图素材。下面为大家介绍几个素材丰富的动图网站，以供借鉴和参考，如图 6-42 所示。

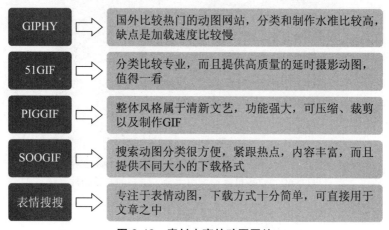

图 6-42　素材丰富的动图网站

其次，动图的类型要与文章的内容相匹配。一般来说，技巧类的文章通常更需要动图的衬托和点缀，原因有两点：一是因为技巧类的文章本身比较冗长，如果文字表达不是特别生动的话，很容易让读者失去阅读的兴趣，因此动图的加入能够有效吸引读者的注意；二是因为技巧类的文章在讲解知识时，往往会遇到用文字难以生动表达的情况，这个时候用一张动图来解释，难题就会迎刃而解。

最后，动图怎样恰当地融入文章之中，实际上这与第二点有着千丝万缕的联系。如何选择动图的类型和动图怎样和文章搭配，可以从内容和形式两大角度来解决，重点在于如图 6-43 所示的两方面。

这 12 招配图秘籍，提升了 10W+ 阅读量文案的阅读体验 👤

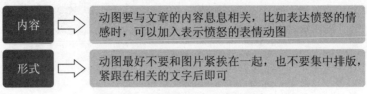

图 6-43　动图与文章结合的要点

以"茶颜悦色"为例，它推送的文章内容就含有创意十足的动图，如图 6-44 所示。这个动图不仅包含了产品展示，还有表情包助阵，制作的难度系数有点高，但效果是显而易见的。

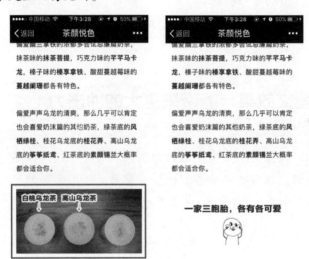

图 6-44　"茶颜悦色"推送文章中的动图展示

专家提醒
ZhuanJiaTiXing

如果想把自己的产品通过文章推广出去，并扩大品牌影响力，可以在文章中加入动图，展示产品的全方面特色，以便吸引读者和消费者，实现吸粉引流的目标。

再比如，"花样长沙"推送的一篇文章，通过动图展示了披萨刚出炉的画面，如图 6-45 所示。有这样生动的图片，是不是对于美食的向往更加强烈了呢？这就是动图的魅力所在。

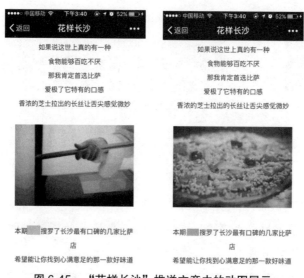

图 6-45　"花样长沙"推送文章中的动图展示

071　长图文效果：能带来更大的冲击力

除了动图，长图文也是为文章内容加分的一种形式，以图片加文字的漫画形式描述内容，其发布的文章阅读量都非常高，很多著名的品牌企业也经常运用这种方式来宣传和推广自己的新品。

长图文是促使各种新媒体平台获得更多关注、吸引更多粉丝的一种好方法，其主要优势体现在如图 6-46 所示的 3 个方面。

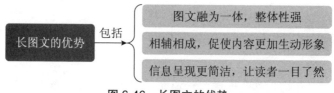

图 6-46　长图文的优势

既然长图文的效果这么好，那么我们应该怎么设计这种冲击力巨大的图

这12招配图秘籍，提升了10W+阅读量文案的阅读体验 👤

片形式呢？长图文的设计有两种方法，一种是直接设计长图；一种是先设计小图再拼接。直接设计长图比较复杂，还要用到Photoshop软件。因此相对而言，设计小图再借用工具进行拼接比较简单。

不过，值得庆幸的是，创客贴提供了制作信息长图的良好平台，既可以直接根据模板设计长图，又可以自己将小图进行拼接制成长图。这里主要介绍利用模板制作长图文的具体步骤。

步骤01 进入创客贴的模板中心，单击"信息图"按钮，即可选择合适的模板，如图6-47所示。

图 6-47 模板中心页面

步骤02 进入设计页面，如图6-48所示，随后可直接单击模板，对信息图里的文字、图表等内容进行修改。

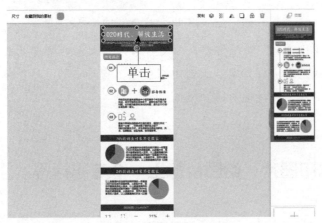

图 6-48 修改信息内容

如果觉得信息图的模板没有合适的，也可以通过小图拼接的方式来设计长图文，但这样做的话会花费更多的时间和精力，需要经过长时间的经验积累才能做出比较理想的长图文效果。

案例展示

长图文的形式在微信公众平台里屡见不鲜，有的微信公众号甚至将长图文当成了自己的固有模式和风格，并以此来吸引读者的和粉丝。图 6-49 所示为"倩碧 Clinique"在情人节当天推送的长图文消息。

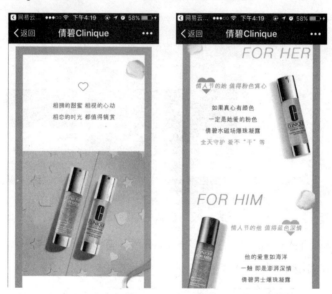

图 6-49 "倩碧 Clinique"推送的长图文消息

"倩碧 Clinique"的微信公众号发布的内容大部分都是长图文的形式，这样做不仅有力推广了新品，同时也吸引了不少读者的眼球，使得目标粉丝更加青睐该品牌，并持续支持该产品。

072 水印图片：给图片加上一个专属标签

要想新媒体平台的软文图片引爆读者的眼球，给图片打个标签也是一种

这 12 招配图秘籍，提升了 10W+ 阅读量文案的阅读体验 👤

有效的方法。以微信公众平台为例，给图片打标签的意思就是给微信公众号的图片加上专属于该公众号的水印。

为什么要给图片加上专属的标签呢？一般来说，给图片加水印的目的有如图 6-50 所示的 3 种。

图 6-50　给图片加水印的目的

像今日头条、微信公众平台这一类的新媒体平台上发布的图片是可以加水印的，而简书、一点资讯则不可以，各个平台指定的规则不同。那么，具体应该怎样为图片打上专属的标签呢？下面笔者将以微信公众号为例，详细介绍为图片添加水印的步骤。

步骤01　进入微信公众号的管理主页，如图 6-51 所示，找到"设置"一栏，单击"公众号设置"按钮。

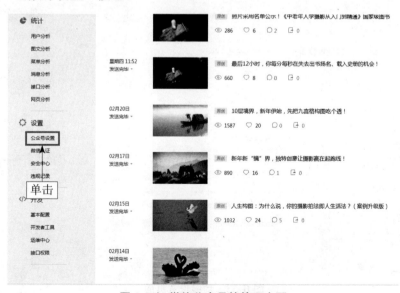

图 6-51　微信公众号的管理主页

步骤02 执行上述操作后，即可来到公众号设置的页面，如图 6-52 所示。此时，单击"功能设置"按钮即可。

图 6-52 公众号设置页面

步骤03 执行上述操作后，就会进入功能设置的页面，找到"图片水印"这一栏，然后单击"设置"按钮，如图 6-53 所示。

图 6-53 功能设置页面

这 12 招配图秘籍，提升了 10W+ 阅读量文案的阅读体验 👤

步骤 04 执行上述操作后，即会弹出如图 6-54 所示的窗口，❶单击"使用微信号"按钮；❷单击"确定"按钮即可完成图片水印的设置。

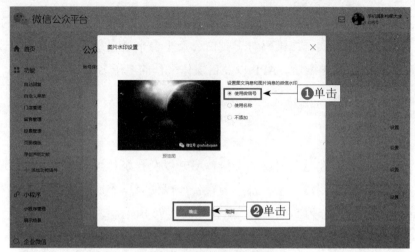

图 6-54　图片水印设置

以"手机摄影构图大全"为例，它在微信公众平台发布的文章图片都是带有水印的，如图 6-55 所示。

图 6-55　"手机摄影构图大全"在微信公众平台发布的带有水印的图片

073 二维码图片：打造与众不同的二维码样式

在现实生活中，随处都布满了二维码的身影，二维码营销已经成为了一种很常见的营销方式。二维码对于微信公众平台来说也是一种可以吸引读者的图片，同时它也是微信、APP 以及自媒体平台的电子名片。

知识解析

企业或者个人在运营自己的微信、APP 以及自媒体平台时，可以通过制作多种类型的二维码进行平台推广与宣传，以便吸引不同审美类型的读者。常见的二维码可以分为 5 种类型，具体如图 6-56 所示。

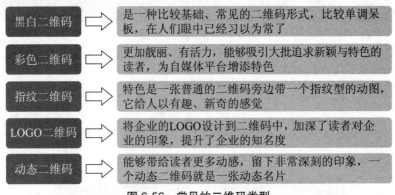

图 6-56　常见的二维码类型

了解了这么多二维码类型，那么，如果要制作出属于自己的二维码，应该怎么做呢？下面笔者就给大家介绍几款好用的二维码生成器，让二维码制作不再是难题，如图 6-57 所示。

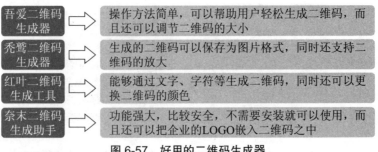

图 6-57　好用的二维码生成器

这 12 招配图秘籍，提升了 10W+ 阅读量文案的阅读体验 👤

案例展示

二维码随处可见，形式也是各有千秋。以微信公众号为例，为了吸引读者的注意，各大公众号各显其才，图 6-58 所示为"FANCL 無添加"和"芙丽芳丝 freeplus"的二维码展示，两者都采用了 LOGO 二维码的类型，"FANCL 無添加"还采用了指纹二维码的形式来吸引眼球。

图 6-58　不同类型的二维码展示

专家提醒
ZhuanJiaTiXing

二维码图片不仅是吸引读者注意力的一种方式，同时也是吸粉的一种快捷手段，富有创意的二维码自然会更容易获得读者的青睐，并能有效增加文章的阅读量。

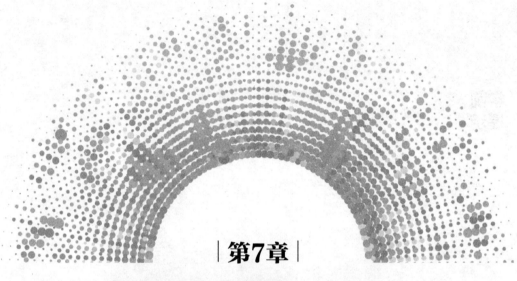

|第7章|

这9招精美排版，决定了
你文章的转发率

学前提示

除了内容的优质和原创性，文章的排版也是影响点击率和转发率的重要因素，只有两者相结合才能带给读者更佳的阅读体验，让他们成为媒体平台的忠实粉丝。在此将为大家介绍一些提升文章版式质量和阅读体验的知识和经验。

要点展示

074 栏目分类：栏目设置要符合视觉习惯

在微信、APP以及自媒体平台上，企业或个人如果要进行平台运营，首先就需要对平台界面进行栏目设置，以便对发布的文章进行分类处理。

为了让读者获得视觉上的享受，了解一些公众号栏目设置的要求是非常有必要的，这些要求具体包括3个方面，如图7-1所示。

图 7-1　公众号栏目设置的要求

视觉是人类获取信息、观察事物的能力，在视觉所及的范围内，人们利用视觉能力所察觉到的结果是极具选择性的。这是因为，在大脑的意识支配下，眼睛会根据已经形成的习惯对看到的事物和信息进行分类、筛选，最终形成视觉效果。

专家提醒
ZhuanJiaTiXing

栏目设置作为艺术设计的一部分，是"眼睛"的艺术，读者在阅读文章时，会根据一定的视觉习惯对平台首页的栏目进行有目的性的选择。对于视觉习惯而言，其最重要的要求表现在两个方面（主要是针对视角效果而言），即易理解和好使用。

在栏目设置上，同其他文本设置一样，要遵循一定的视觉习惯，这主要体现在两个方面，具体分析如图7-2所示。

既然不同的平台包含着不同的信息，拥有的界面也有所区别。那么，具体来说应该如何设置栏目的位置呢？笔者将其设置技巧和经验总结为如图7-3

所示的 3 点。

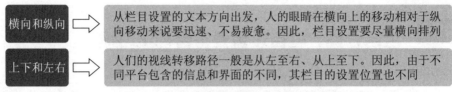

图 7-2　栏目设置遵循视觉习惯的相关分析

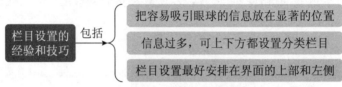

图 7-3　栏目设置的经验和技巧

以今日头条 APP 为例，它的栏目设置是符合大多数用户的视觉习惯的，在横向设置的同时又采用了上下设置分类栏目的方式来安排丰富的信息。值得一提的是，它的栏目设置都放在比较显眼的地方，即使内容繁杂但还是能够轻松抓住重点，如图 7-4 所示。

图 7-4　今日头条 APP 的栏目设置

075 界面功能：功能使用要方便用户操作

界面功能的展示，最好能够为用户带来便利，让用户使用这些功能能快速地找到自己需要的信息。那么，界面的功能又应该如何来设置呢？如何为读者带来舒适的使用体验呢？

知识解析

为了方便读者查看，界面功能的设置最好达到三大标准，即简洁性、有序性以及人性化，具体内容如图 7-5 所示。

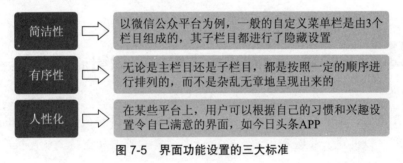

简洁性	⇨	以微信公众平台为例，一般的自定义菜单栏是由3个栏目组成的，其子栏目都进行了隐藏设置
有序性	⇨	无论是主栏目还是子栏目，都是按照一定的顺序进行排列的，而不是杂乱无章地呈现出来的
人性化	⇨	在某些平台上，用户可以根据自己的习惯和兴趣设置令自己满意的界面，如今日头条APP

图 7-5　界面功能设置的三大标准

案例展示

以"CoCo 都可"微信公众号为例，它的栏目设置就向用户提供了便利，如图 7-6 所示。首先，它是横向设置。其次，分类简洁，分别为"Co 游世界""Co 好喝"以及"Co 享福利"三个栏目，而且简洁中又暗含秩序。最后，它的栏目设置有利于用户使用，不仅一目了然，而且还提供了活动、福利等内容，对于引流和变现有比较重要的促进作用。

图 7-6 "CoCo 都可"的栏目设置

076 项目设置：要利用内容安排吸粉引流

在微信、APP 以及自媒体平台上，项目设置的目的在于清楚、全面地呈现内容，以便进一步吸粉引流，获得众多读者的青睐和支持，从而推广自己的账号、产品以及品牌。

知识解析

要想将项目设置安排得合理且实用，需要从两大角度来考虑，即"清楚"和"全面"。那么，这两点具体而言又是什么意思呢？笔者将其相关含义总结为如图 7-7 所示的两点。

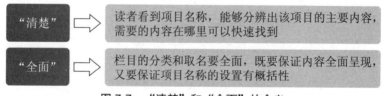

图 7-7 "清楚"和"全面"的含义

不难看出，"清楚"和"全面"只是项目设置的总体上的要求，对于项目设置，还有更为具体和细化的要求，如图7-8所示。

图 7-8　项目设置的具体要求

专家提醒
ZhuanJiaTiXing

由于项目设置是为了更好地安排内容，吸引粉丝注意力，因此无论是内容上还是形式上都应该加入一些创新元素，以给读者眼前一亮的感觉。如果只是一味地照本宣科、沿袭已有的套路，那么就很难引起注意，更谈不上吸粉引流了。

案例展示

以"女神书馆"微信公众号为例，其项目设置就比较富有特色，通过"撩吧"和"买吧"两大版块来展示内容，如图7-9所示。"撩吧"主要包含了"商务""转载"以及"投稿"等内容，而"买吧"则是专门的商品链接，以供读者消费。这一公众号的项目设置不仅把内容安排得井井有条，而且还展示了自己专属的特色，成功吸引了读者的注意力。

图 7-9　"女神书馆"的项目设置展示

077 开头设计：排版开头要有引入感

相信大部分人每天都会阅读微信公众平台推送的信息，只要认真观察，就不难发现，每篇微信公众号发布的文章，开头的排版或多或少都运用了小心机来尽力吸引读者的眼球，增强其代入感，以更好地融入文章之中。

知识解析

在新媒体平台上发布文章，版式设计是非常重要的组成部分，除了前面提到的栏目设置，开头的设计也是不可忽视的。其具体的技巧如图 7-10 所示。

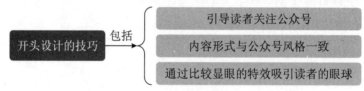

图 7-10　开头设计的技巧

在开头引导读者关注公众号有许多不同的方式，这也是编辑创意的一种体现，比较常见的方式有如图 7-11 所示的 3 种。

图 7-11　开头引导读者关注公众号的方式

在使用特效吸引读者眼球的时候，有多种形式可以使用，比如可爱的动图、炫酷的字体、五彩的字体颜色以及精美的图片等。

专家提醒
ZhuanJiaTiXing

在微信公众号推送的文章当中，很多开头的设计都是富有特色的，一方面可以引起读者的注意力；另一方面又能够引导读者持续关注公众号输出的内容，可谓两全其美。当然，在设计开头的时候，不仅要考虑吸粉的问题，同时还要从读者的角度出发，不要过度强调关注公众号的信息，以免引起读者的抵触心理。

这9招精美排版，决定了你文章的转发率

 案例展示

以微信公众平台为例，各种各样的开头设计让人眼花缭乱，既给人带来了美的视觉享受，又达到了吸粉引流的目的，为成功推广文章和公众号打下了良好的基础。图7-12所示为"悦食中国"和"单向街书店"推送的文章的开头设计。

图 7-12 开头设计的不同方式

从图中可以看出，"悦食中国"采用的是图文结合的方式来设计开头，而且它的开头与其公众号风格十分吻合，一副碗筷和几行诗意的介绍性文字，有力地吸引了读者的眼球，同时也容易在读者心中留下比较深刻的印象。

而"单向街书店"的开头设计则是以文字为主，即"每一个独立而丰富的灵魂，都有处可栖"，还有英文作为点缀。它的开头设计不仅符合公众号的风格，而且还富有深意，比较容易引起目标读者的情感共鸣。

再来看"益禾堂"推送的文章的开头设计，它是通过动感、形象的动态文字来展示的，如图7-13所示。不仅显示出了企业的品牌名称，给读者留有印象，而且还展示了品牌的口号"畅饮年轻这一杯"，推广文章的同时也宣传了产品，有利于赚取更多的利润。

图 7-13　通过动态文字设计开头

078 字体设计：正文字体要突出设置

正文是一篇文章中占据篇幅最大的内容，因此字体的设计主要是针对正文而言的，如果正文的字体能够给读者带来舒适的视觉体验，那么读者对文章的整体印象也会加深，并提升不少好感。

知识解析

字体是文字的一种形式，比较常见的有楷书、行书以及草书等，不同的新媒体平台设置的默认正文字体都有所不同，同时，创作者也可以根据文章内容来设置形式各异的字体，以便给读者带来新鲜感。

在众多的新媒体平台上，文章的字体几乎都是跟随系统默认的，如楷体、宋体以及微软雅黑等。那么，究竟应该如何设置字体才能给读者带来独一无二的阅读体验呢？以微信公众平台为例，字体的设置技巧有如图 7-14 所示的3 点。

图 7-14 字体的设置技巧

专家提醒
ZhuanJiaTiXing

由于一般的新媒体平台上的字体都是系统默认的，无法更改，就算更改了，推送到读者的客户端时也不会显示出来。因此，如果想通过更改字体的方式来吸引读者的眼球，就应该把重点想要突出的文字内容和图片融合在一起，如此一来，多样的字体形式就可以尽情展现了。

案例展示

以"SEPHORA 丝芙兰"推送的文章为例，它的正文字体都是系统默认的，重点的内容通过加粗的方式突出，而"开启自然净化力"则是通过图片的方式呈现出来的。这样的正文字体设置比较符合读者的视觉习惯，既有层次感，又比较简洁大方，如图 7-15 所示。

图 7-15 "SEPHORA 丝芙兰"的正文字体展示

再来看"花王碧柔 Biore"发布的文章正文是如何设置的，首先是利用显眼的红色突出正文中的重点信息，如"抽取 5 名""活动规则"等，然后是图片和文字的结合，设置不同的字体来吸引读者的眼球，如图 7-16 所示。

图 7-16　"花王碧柔 Biore"的正文字体展示

专家提醒
ZhuanJiaTiXing

重点突出、层次井然的正文自然要比平淡无奇、杂乱无章的正文更容易引起读者的兴趣，而这样高质量的正文是离不开字体的精心设计的，因此，学会设置正文字体至关重要。

079 字号设计：文中排版的字体不要过大

给文章的内容选择合适的字体大小，也是微信、APP 以及自媒体平台运营者排版工作中需要考虑的一个问题。合适的字体大小能让读者在阅读文章的时候不用将手机离自己的眼睛太近或太远，而且合适的字体大小能让版面看起来更和谐，更容易转发和传播。

在微信、APP 以及自媒体平台后台的群发功能中，新建图文消息的图文编辑栏中设有字体大小的选择功能。

　　对于文章来说，对字号的要求主要是符合读者的阅读习惯和视觉期待，因此既不能太大，也不能太小，具体原因如图 7-17 所示。

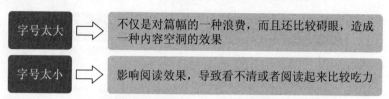

图 7-17　字号设置太大或太小的后果

　　那么，文章中的字号到底设置为多大比较好呢？根据笔者的经验来看，字号效果比较好的是 14px 和 15px，除了个别视力不佳的读者可能会觉得看起来有点吃力之外，这个大小的字号符合大部分读者的视觉习惯。

专家提醒
ZhuanJiaTiXing

　　字号的设计既是美感的问题，也是实用的问题，如果一篇文章的字号大小不一，不是过大就是过小，那么就很难吸引读者的眼光。因此，掌握设计字号的技巧是至关重要的。

案例展示

　　以微信排版工具 i 排版为例，它的字号大小设置就比较一目了然，而且操作便捷，如图 7-18 所示，不同大小的字体展示，效果显著。具体的排版方式在后面的内容中会进行详细讲解，这里暂且不提。

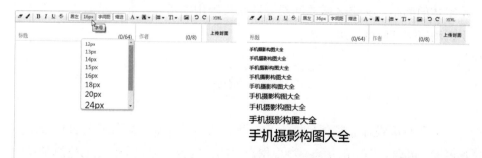

图 7-18　字号设计的大小展示

　　再来看字号设计在手机客户端的展示效果，以"水煮运营"推送的文章为例，它的字号给人带来的视觉效果就比较好，如图 7-19 所示。

一方面是看起来毫不费力；另一方面还有重点的突出和颜色的区分，通过绿色和加大的字号区分开小标题和正文，给人干净利落、有条有理的感觉。

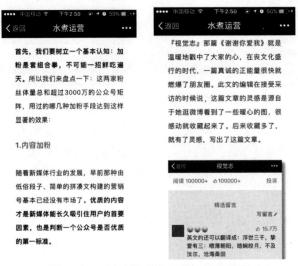

图 7-19 "水煮运营"的字号效果展示

080 排版设计：整体风格要带给读者视觉享受

在文章排版设计的过程中，有两大要点值得注意，一是整体的风格；二是字体的间距。文字之间的间距设计是排版中的重点，尤其是对于大部分用手机浏览文章的微信用户来说。

知识解析

对于排版设计的整体风格而言，我们可以从其他排版优秀的公众号中总结经验，汲取它们中的优点，再根据自己的情况建立起属于自己的排版体系。

同时，在看见新颖、好看的版式的排版素材时，也可以将其收藏起来，建一个属于自己的素材库。这样不仅丰富了版式资源，而且还可以节省很多寻找版式素材的时间，以有效提高工作效率。文字间距要适宜指的是文字 3

这9招精美排版，决定了你文章的转发率

个方面的距离要适宜，这3个方面具体如图7-20所示。

图7-20　文字间距的含义

　　首先来看字符间距，它会影响到读者的阅读感觉，也会影响到整篇文章篇幅的长短。在微信公众号的后台，没有调节字符间距的功能按钮，所以如果想要对公众平台上的文字进行字符间距设置的话，就需要先在其他的编辑软件上编辑好，然后再复制和粘贴到微信公众平台的文章编辑栏中。

　　那么，具体应该怎么操作才能把字符间距调节得符合读者的阅读习惯呢？下面笔者将以i排版编辑器为例，介绍调节字符间距的步骤。

　　步骤01　进入i排版编辑器的主页，如图7-21所示，单击"微信编辑器"下方的"点击进入"按钮，即可进入文字的排版页面。

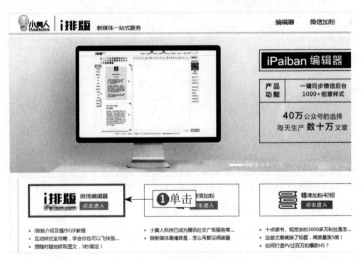

图7-21　i排版编辑器的主页

　　步骤02　执行上述操作后，即可进入文章的排版页面，如图7-22所示。❶输入文字，如"手机摄影构图大全"；❷单击"字间距"按钮，弹出各种选项；❸单击"0"按钮即可看到排版效果。

　　步骤03　如果想看看别的字间距效果，也可以单击其他数字，如单击"5"按钮，即可看到文字的间距变得更宽，如图7-23所示。

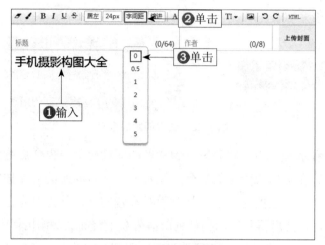

图 7-22　文章排版页面

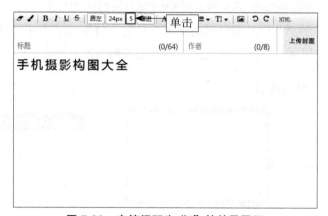

图 7-23　字符间距为 "5" 的效果展示

　　其次是行间距，它代表着每行文字纵向的距离，行间距的宽窄会影响到文章的篇幅长短。行间距的调整一般也是通过专业的排版工具进行的，如果想给读者带来良好的阅读体验，那么最好多尝试不同的行间距或者借鉴别人的优秀排版技巧。

　　同样还是以 i 排版为例，找到相应的行间距图标进行调节即可，如图 7-24 所示为不同行间距的效果展示。以笔者的实战经验来看，微信公众平台的文章的行间距最好设置为 1.5，当然，这也可以根据个人的喜好和内容的多少来安排。

　　最后是段间距，它的多少同样也决定了每行文字间纵向间的距离。它主要包括段前距和段后距两部分，在排版工具平台上可以设置，如图 7-25 所示。

这9招精美排版，决定了你文章的转发率

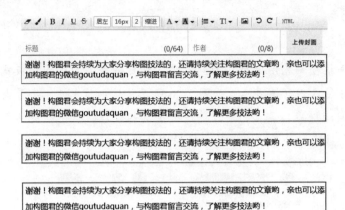

图 7-24　不同行间距的效果展示

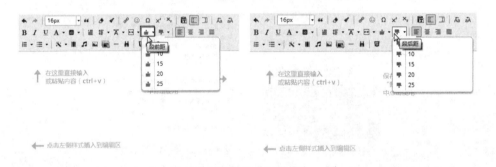

图 7-25　段间距的两大部分

段前距和段后距都有 5 种间距范围选择，我们可以根据自己平台读者的喜好去选择合适的段间距。如果不清楚读者喜好的段间距风格，可以向读者提供几种间距版式的文章，并呼吁读者投票选择自己喜欢的段间距风格。如此一来，就能够确保大部分的读者能够得到良好的阅读体验。

专家提醒
ZhuanJiaTiXing

首行缩进和分割线也是排版设计中不可忽视的问题，一篇文章除了内容要充实，格式也要有条有理。首行缩进的目的是为了把分段的文字区别开来，给读者以层次感，分割线也是一样，而且分割线更容易在视觉上给读者带来舒适体验。分割线可以用于文章的开头部分，也可以用于文章的结尾部分，尤其是在大段文字的后面，最好使用分割线，让读者轻松掌握文章重点，理解文章含义。

以"手机摄影构图大全"为例，它在今日头条上的文章排版就比较富有特色，整体给人以舒适之感，如图 7-26 所示。从细节上看，字号大小适中、各种文字间距恰当，重点的内容还进行了加粗处理，值得一提的是，文章还运用了分割线来打造层次感，是比较经典的排版方式。

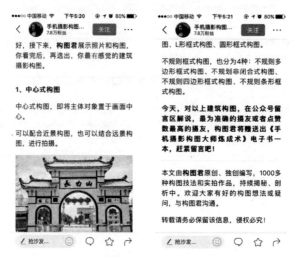

图 7-26 "手机摄影构图大全"的文章排版

无论是什么新媒体平台，排版设计都是比较重要的一个环节，当然，内容的撰写也不容易。但是光有内容而不重版式是行不通的，只有将内容和版式完美结合才能够赢得读者的青睐。

081 软文结尾：添加引导关注字样

很多新媒体平台的账号，尤其是微信公众号，都会在文章结尾处的排版中在特定的版面对平台上之前已经推送过的文章进行推荐，目的是引导读者关注之前的内容，增强读者的黏性。

这9招精美排版，决定了你文章的转发率

知识解析

微信公众号引导关注的内容大多以"推荐阅读"和"猜你喜欢"为主，如果公众号拥有自己的网站，就会在文章的最下方设置一个"阅读原文"的按钮，尽量把读者吸引过去。那么，这些内容的具体含义究竟是什么呢？笔者将其要点总结为如图 7-27 所示的 3 点。

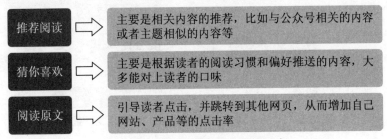

图 7-27　软文结尾引导关注的形式

最为常见的是"阅读原文"，这也是一种比较实用的引导方式，同时它也分为多种不同的形式，具体如图 7-28 所示。

图 7-28　"阅读原文"的具体引导方式

专家提醒
ZhuanJiaTiXing

虽然文章的结尾可能不是那么引人注目，但是如果设置了相关的引导，也会吸引到部分的读者打开链接，并成功进行细分引流，或者是推广产品。

案例展示

以"手机摄影构图大全"这一微信公众号为例，它的结尾采用的就是"阅读原文"引导方式，如 7-29 所示。在文章的结尾插入了"阅读原文"的字样，通过蓝色区别开来，吸引读者的点击，之后就会进入相关商品的购买页面，直接引流，既便捷又轻松。

图 7-29   "手机摄影构图大全"的"阅读原文"链接

再来看"姜茶茶"这一微信公众号，它推送的文章结尾处的阅读原文链接是另外一篇文章，是为了特地将目标读者引导过去，然后不断扩大广告圈社群的规模，以实现设置"阅读原文"的目的，如图 7-30 所示。

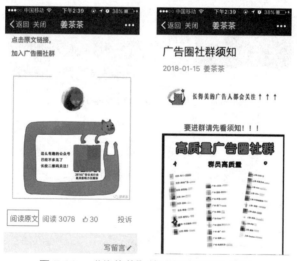

图 7-30   "姜茶茶"的"阅读原文"链接

除了常见的"阅读原文"之外，也有其他的形式引导读者阅读相关的文章，以"不止读书"这一微信公众号为例，它推送的文章结尾就是通过设置"延伸阅读"这一方式引导读者关注的，如图 7-31 所示。

👤 这9招精美排版，决定了你文章的转发率

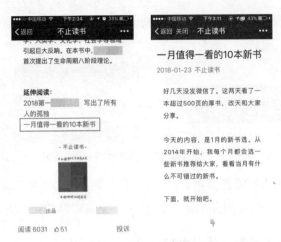

图 7-31 "不止读书"的"延伸阅读"链接

082 排版神器：多种工具满足不同需求

以微信公众平台为例，它所提供的编辑功能是比较有限的，只有最简单的文章排版功能，显得太单调，不够吸引读者的眼球。因此，一些功能更齐全的第三方编辑器应运而生，不少创作者利用这些编辑器来帮助自己设计出更多有特色的文章版式，以引起读者的兴趣。

现在网上这种第三方的编辑器有很多，下面笔者就为大家介绍比较常见且好用的 3 种，具体如图 7-32 所示。

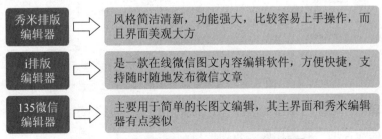

秀米排版编辑器	⇒	风格简洁清新，功能强大，比较容易上手操作，而且界面美观大方
i排版编辑器	⇒	是一款在线微信图文内容编辑软件，方便快捷，支持随时随地发布微信文章
135微信编辑器	⇒	主要用于简单的长图文编辑，其主界面和秀米编辑器有点类似

图 7-32 常见的微信第三方内容排版编辑器

使用第三方内容排版编辑器的好处比较多，具体来说有如图 7-33 所示的 3 点。

图 7-33　使用第三方内容排版编辑器的好处

排版编辑器是为读者提供舒适的阅读体验必不可少的工具，那么具体应该怎么操作呢？下面分别介绍以上提到的 3 种编辑器的使用方法。

1. 秀米排版编辑器，简洁大方

秀米的特色是简洁明了，其使用方法和页面风格如出一辙，具体如下所示。

步骤 01　进入秀米排版编辑器的主页，如图 7-34 所示，单击页面右侧的"新建一个图文"按钮，即可开始对文章进行排版。

图 7-34　秀米排版编辑器的主页

步骤 02　执行上述操作后，就会跳转到如图 7-35 所示的内容编辑页面，单击页面左侧的"我的图库"按钮即可。

这 9 招精美排版，决定了你文章的转发率

图 7-35　内容的编辑页面

步骤 03　接着❶单击页面中间的▲图标；然后❷单击"上传图片"按钮；❸单击合适的图片，即可看到封面图已经展示出来，如图 7-36 所示。

图 7-36　设置封面图

步骤 04　接着❶输入标题和摘要；❷单击"图文模板"按钮；❸单击"标题"按钮；❹选择合适的标题形式，如图 7-37 所示。

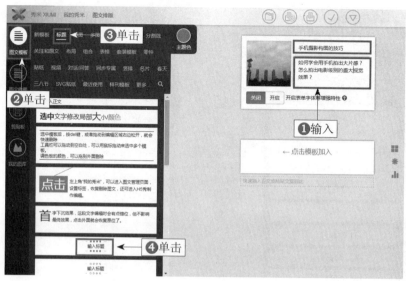

图 7-37 标题的设置

步骤 05 执行上述操作后，即可进行正文的编辑。❶输入正文标题，如图 7-38 所示；然后❷单击空白处粘贴正文内容；❸ 再单击"上传图片"按钮；❹单击合适的图片即可；接着❺单击 图标，就可以预览效果。

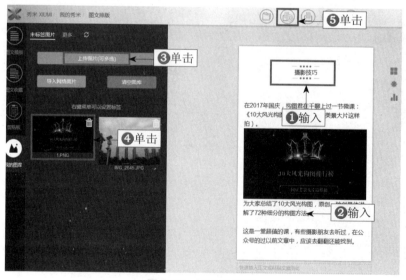

图 7-38 正文的编辑

步骤 06 执行上述操作后，即可看到排版的效果，如图 7-39 所示。接着单击"授权公众号"按钮，即可同步到微信公众平台。

这9招精美排版，决定了你文章的转发率

图 7-39　预览效果展示

2. i排版编辑器，便捷实用

i排版可以一键排版，它最大的特色是可以设计签名，微信运营者可以把设计好的签名和二维码一起放在图文的最后，它的功能特点主要如图7-40所示4种。

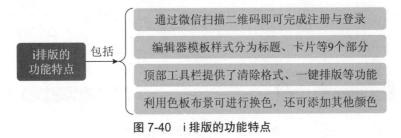

图 7-40　i排版的功能特点

由于前面已经介绍过通过i排版编辑器设计字号、字符间距等内容，因此这里只对其主要的特色功能进行讲解，具体的步骤如下所示。

步骤01　进入i排版的编辑主页，如图7-41所示，❶输入标题；❷单击页面左侧的"标题"按钮；❸再单击"散文诗集"按钮；❹输入标题内容。这一功能的使用需要开通会员，通过微信扫一扫会获得赠送。

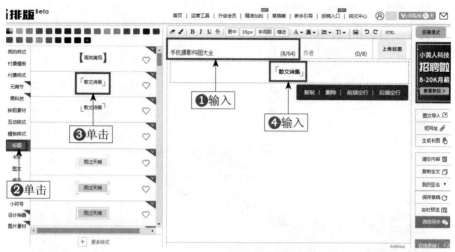

图 7-41　i 排版的编辑主页

步骤 02　接着复制正文的内容，进行格式调整。❶单击"卡片"按钮；❷单击合适的卡片形式，正文内容的展示效果如图 7-42 所示。

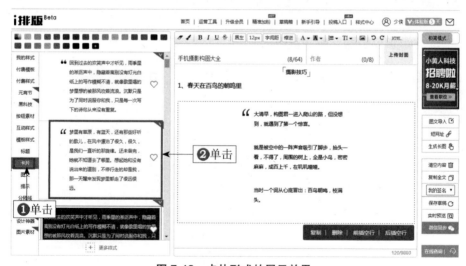

图 7-42　卡片形式的展示效果

步骤 03　也可以使用模板，❶单击"付费模板"按钮；❷选择喜欢的模板；❸再单击合适的小标题即可。❹此外，模板中的图片可以替换，单击"替换图片"即可，如图 7-43 所示。

步骤 04　文章内容编辑好之后，可以❶单击"实时预览"按钮，部分效果如图 7-44 所示，确认无误后即可❷单击"微信同步"按钮。

这9招精美排版，决定了你文章的转发率

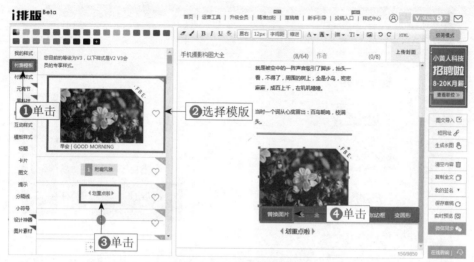

图 7-43　付费模板的使用

图 7-44　实时预览

3. 135 微信编辑器，功能强大

135 微信编辑器的网址为 http://www.135editor.com，它的功能比较齐全，几乎包含了排版编辑器应该具备的所有功能，如"一键排版""一键做图"以及"一键制作海报"等。这里不再赘述它的使用方法，基本步骤与前两个相差无几，其主页如图 7-45 所示。

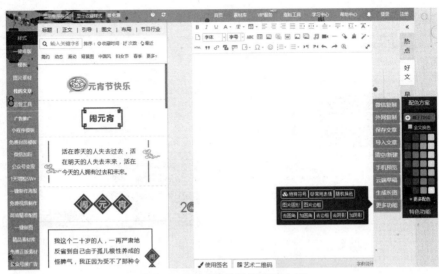

图 7-45　135 微信编辑器的主页

如图 7-46 所示，为"手机摄影构图大全"在微信公众平台上推送的不同文章内容展示，一张是直接在微信公众平台后台对图文进行编辑的图文效果；一张是利用免费编辑器进行图文编辑的效果，大家可以将两张图进行对比，看看哪种效果更好。

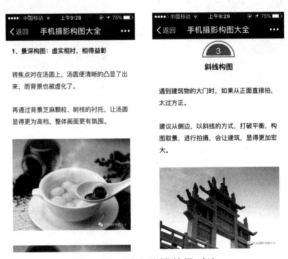

图 7-46　图文编辑效果对比

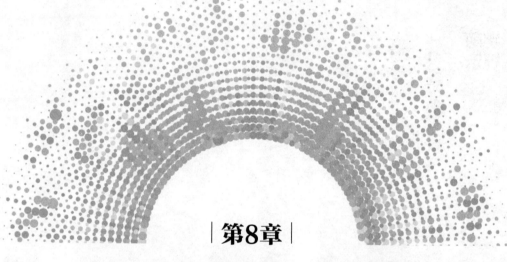

第8章

这12个营销技巧，是10W+阅读量软文写作高手不愿告诉你的

企业从不同的角度，通过软文进行营销运作，可以增加消费者的新鲜感，普通消费者看到不常见的事物，往往会花费一点时间来"摸清底细"。软文的存在无非是为了促进相关产品的销售，那么，在这个过程中，我们又应该怎么做呢？

这 12 个营销技巧，是 10W+ 阅读量软文写作高手不愿告诉你的

083 对比产品：与竞争对手同类产品进行对比

人们常说："竞争对手不仅仅是敌人，还是自己最重要的老师"。所以如果企业引入外界的竞争者，就很容易激活内部的活力。软文的写作也是一样的，从竞争对手那里获得灵感，也是增加阅读量和吸引人气的招数之一。

知识解析

当创作者想通过文章来推广相关的企业产品时，比较适用的方法就是向竞争对手学习，不仅学习软文的写法，而且还要学习产品的特点，具体的学习方法如图 8-1 所示。

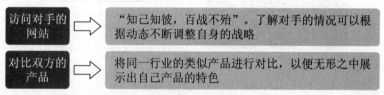

图 8-1　向竞争对手学习的方法

那么，在打造这样的软文的过程中，具体应该如何将内容中涉及的产品进行合理的对比呢？或者说，在对比的时候，又应该注意哪些问题呢？笔者将其诀窍总结为如图 8-2 所示的 3 点。

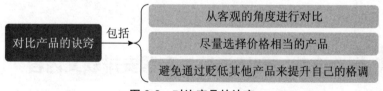

图 8-2　对比产品的诀窍

专家提醒
ZhuanJiaTiXing

部分企业的软文会通过挑出其他企业产品的缺点来突显出自己的优势，这种做法是不可取的，既有损品牌的名声，也不是推广产品的长久办法。软文营销，也和做人一样，讲究信义道德，如此才能得到受众的喜爱和支持。

案例展示

以"极客宅"在淘宝头条平台推送的软文为例，就是将具有代表性的国产手机进行对比，如图 8-3 所示。

图 8-3　对比产品的软文

软文中主要对两款手机的识别功能进行了对比，甚至还将其与 iPhone X 作了比较，结果显示荣耀 V10 更胜一筹。这样的对比软文目的只有一个，那就是让读者看了之后对测评效果倍加信任，继而提升对推荐产品的好感度，产生购买产品的欲望。

084 利用连载：利用连载类专题安排软文内容

人们在阅读时，总是趋向于寻找同一类型或主题的文章，力图全方面了解和熟悉有关类型的知识。因此，在打造软文时，可从这方面着手，着力打造一些经典的、具有代表性的专题，以迎合读者的阅读兴趣和习惯。值得一提的是，这样的连载内容更容易使得读者沉浸其中，从而有效促进产品的销售。

👤 这 12 个营销技巧，是 10W+ 阅读量软文写作高手不愿告诉你的

知识解析

利用连载类专题安排软文内容，有着极大的优势，具体如图 8-4 所示。

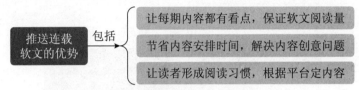

图 8-4 推送连载软文的优势

专家提醒
ZhuanJiaTiXing

在通过连载的方式推送软文的时候，一是要懂得设置悬念持续吸引读者的注意力；二是要选择富有价值的选题，也就是值得细讲的知识和经验。如果只是冗长无趣的知识讲解，那么就会引起读者的不悦和反感。

案例展示

以"手机摄影构图大全"在微信公众平台推送的文章为例，就是通过连载的方式展示的。如图 8-5 所示，总共分为上下两篇，详细解析了流光快门的摄影技巧，同时还巧妙推销了自己的图书产品。

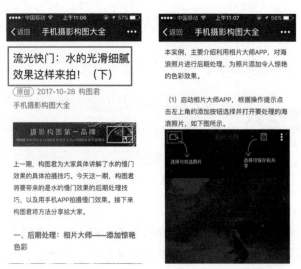

图 8-5 "手机摄影构图大全"的连载内容展示

从上图来看，正因为这一知识点包含的内容比较多，且含金量高，所以才采用了连载推送的方式。这一方式不仅详细介绍了相关知识，而且还吸引了读者的持续关注，起到了比较好的作用，也是软文营销的绝佳形式。

085 强调利益：激发客户的购买欲

在通过软文进行营销的过程当中，为了使对方愿意购买商家所推出的商品，必须花大把的时间和精力来激发客户的购买欲。

我们应该如何激起读者的消费欲望呢？具体来说可以采用哪种方式来激发客户的购买欲呢？笔者将主要的方法总结为如图 8-6 所示的五点。

在了解对方需求和购买力的基础上，最大程度地激发其购买欲。除了上述方法，还可以从所推出的产品或服务能够给客户带来的利益角度进行介绍，做到一切以"客户利益"为中心，针对商品或服务来推送信息。

这 12 个营销技巧，是 10W+ 阅读量软文写作高手不愿告诉你的

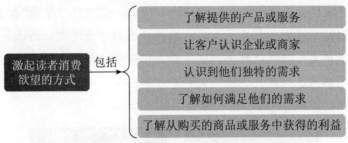

图 8-6　激起读者消费欲望的方式

专家提醒
ZhuanJiaTiXing

在"客户利益"这一点上，商户们应该重点强调商品的安全性能、外观设置、是否经济实用以及能否给用户带来效益等。从客户所得利益出发，不断为客户分析他们能从商品中得到的好处，这样才能激发客户的购买欲望。

因此，在撰写软文的过程中，要重点围绕"读者的需求和利益"这一重点来写，突出显示他们能够获得的实际好处。

案例展示

以"气质女人搭配"在淘宝头条平台上发布的软文为例，如图 8-7 所示，其推送的文章是针对皮肤偏黄的读者来写的，同时在其中还提到了相关的产品，突出展示了读者能够得到的利益。

图 8-7　针对读者的需求撰写的文章

再来看微信公众平台的文章，如图8-8所示，为"汉堡王中国"推送的文章，内容基本都是从读者的角度考虑的。因为能看到它推送内容的读者，大部分都是潜在消费者，因此它的内容也是带有实际利益的，比如送福利、提供已经搭配好的套餐等。而且此则软文更有意思的地方是，它还采用了自创漫画的方式来吸引读者的眼球，给人耳目一新之感。

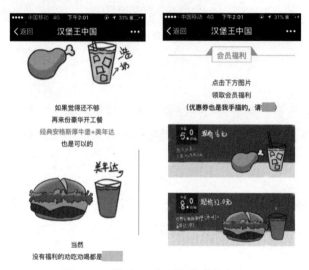

图 8-8 "汉堡王中国"推送的文章

086 制造稀缺性：让客户有紧迫感

中国有一句古话叫作"物以稀为贵"，意思就是越紧缺的资源价值越大。很多时候，某项资源比较丰富时，我们对它的需求量相对比较少；相反的，资源稀缺时我们会更想得到它，积累价值。比如说黄金、紫檀木等，这些东西在资源供给方面有一定的限制性，而正是这种限制性，激发了人们想要购买它们的欲望。因为资源紧缺的东西永远不会失去它本身的价值，换句话说就是，这些稀缺的东西，是"值钱"的。

软文撰写者其实也可以把这种心理用在软文的写作之中：一来可以促使读者第一时间阅读文章内容；二来制造产品供不应求的状态会让购买者对这种商品充满好奇心，并且想尝试购买，一探究竟。

这 12 个营销技巧，是 10W+ 阅读量软文写作高手不愿告诉你的

知识解析

那么，在具体的撰写过程中，为了成功引起读者和客户的紧迫感，我们到底应该怎么做呢？笔者将其窍门主要总结为如图 8-9 所示的 3 点。

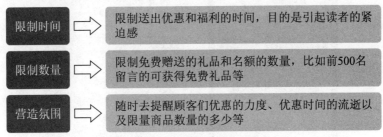

限制时间	⇒	限制送出优惠和福利的时间，目的是引起读者的紧迫感
限制数量	⇒	限制免费赠送的礼品和名额的数量，比如前500名留言的可获得免费礼品等
营造氛围	⇒	随时去提醒顾客们优惠的力度、优惠时间的流逝以及限量商品数量的多少等

图 8-9　制造稀缺性的方法

当然，需要注意的是，在撰写这种充满急迫感和紧张感的软文时，同样也要学着给读者提供相应的实际利益，满足其一定的需求，比如赠送礼物、名额以及机会等。既然写出来就一定要进行兑现，这也是使得读者长期关注你的文章并购买推荐产品的保证。

专家提醒
ZhuanJiaTiXing

制造稀缺性这一方法利用的是众多读者的好奇心理：究竟是什么东西如此火爆？怎么还有人排队去购买？不光是写软文，在日常的购买行为中，很多人也喜欢抢购这一比较紧迫的方式，如电商行业的"双十一"等节日就是由此衍生的。

案例展示

比如"泊美"和"SOFINA 苏菲娜"在微信公众平台推送的软文，两者都是通过一边送福利，一边制造紧张氛围的方式来获取读者的关注的。如图 8-10 所示，"泊美"是通过限制名额的方式吸引读者的留言、点赞，从而提升文章的传播率和阅读率；而"SOFINA 苏菲娜"则是通过时间限制、数量限制以及名额限制等结合起来以制造紧张氛围。

虽然这两篇软文出自不同品牌的微信公众号，但它们有不少相似之处，那就是为了吸引读者，推荐产品，传达品牌理念而努力打造紧迫之感。

图 8-10　制造稀缺性的软文展示

专家提醒
ZhuanJiaTiXing

　　一般的企业都会通过制造稀缺性这一方式来吸引消费者的注意，因此，在撰写推销产品的软文时，最好也着力于紧张氛围的营造，让读者赶紧行动起来，从而实现软文营销的理想效果。

087 节日气氛：节日意味着"团聚"和"优惠"

　　对人们来说，节假日一直是人们比较期盼的，因为无论从什么方面来说，它们都有"利"的：于工作而言，节日意味着"休息"和"放假"；与生活而言，节日意味着"团聚"和"优惠"。

　　基于节日的上述含义，在微信、APP 平台运营过程中，有必要在软文中进行描述和提及，并进行相关的说明和活动，这样很容易调动读者的阅读积极性，并成功吸引读者的关注。

　　在软文中制造节日的气氛除了能够带给人们喜悦之感之外，还有哪些意义呢？笔者认为，如图8-11所示几点作用值得一提。

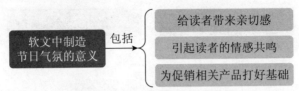

图8-11　软文中制造节日气氛的意义

既然在软文中制造节日气氛有这么多好处，那么，在具体的撰写过程中，应该怎么做呢？笔者总结出了如图8-12所示的3种方法。

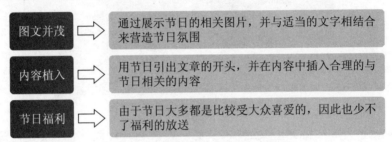

图8-12　软文中制造节日气氛的方法

专家提醒
ZhuanJiaTiXing

节假日向来都是企业和商家大肆推销产品和服务的时间。为了尽可能把握住这段时间强劲的消费力，各路大神大显身手，各出高招。软文营销者也不会放过这一大好机会，竭力打造富有节日气氛的文章，但无论如何，软文的目的最终还是促销产品，因此介绍节日只是次要，最主要的还是营销。

案例展示

以"FANCL無添加"在微信公众平台上发布的元宵节文章为例，该文标题就明确指出是元宵节，如图8-13所示。接着文章的开篇也以"今天可是元宵节呢～有没有准时下班，回家吃汤圆呢？"来吸引读者的注意，营造浓烈的节日氛围。同时还通过生动形象的动图来展示节日的象征物——"汤圆"，可爱迷人的卡通形象给人留下了深刻的印象。

但后面话题一转，就开始围绕自家的产品和活动进行介绍了，如"FANCL的女才节来啦！""更多邀约礼等着你"等，目的是吸引读者的注意，促进产品的销售。

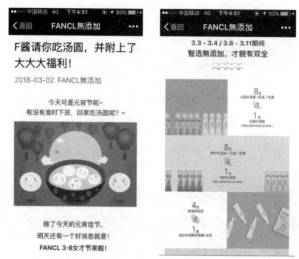

图 8-13　图文并茂式营造节日氛围

再来看"高丝 KOSE"在情人节前一天推送的软文，它主要是通过将节日里发生的有趣小故事与自家的产品相结合，然后积极与读者进行互动，从而推广产品品牌，获得读者和粉丝的大力支持，如图 8-14 所示。

图 8-14　内容植入式营造节日氛围

从图中不难看出，"高丝 KOSE"绝不是生搬硬套宣传产品，而是以提问的方式来吸引读者的注意，借着节日这个契机来推广和宣传，可以称得上是内容植入的典型案例了。

还有一种营造节日氛围的方式，也就是上面提到的节日福利，实际上这是很多企业早就在使用的一种方法，也已经在广大消费者的心中形成了固有的印象。以"兰蔻LANCOME"为例，它在微信公众平台推出的文章就以新年为契机，结合赠送福利的方式来打造节日营销的良好氛围，如图8-15所示。

图 8-15　赠送福利营造节日氛围

088 利用权威：容易获得消费者认可做出口碑

权威一般有两个重要作用，这两个方面相互作用，相互支撑：

（1）容易获得消费者认可；

（2）容易做出好的口碑来。

权威一般代表着不可推翻、值得信赖，因此比较适合在软文中使用这一因素，来提升读者的好感度和信任度，从而顺利推销相关产品。

企业在做软文营销时，如果要利用权威，可以通过以下两种方式进行。

1. 新闻报道式，卸下读者的心理防备

通过新闻报道式软文进行营销，而所谓的新闻报道式软文实际上整体感觉与新闻报道是一致的，在写作之前要先研究发布软文的报纸或网站的新闻风格，其包括新闻报道的标题、内文、图片以及版式等，它的可信度高，能让消费者卸下戒备心理，以平常心阅读软文，对软文的内容深信不疑。

2. 新闻权威式，加深读者阅读印象

所谓的新闻权威式软文，就是软文营销以权威观点、权威专家论证、权威机构推荐的形式，针对社会热点事件，通过新闻的形式进行报道和隐性传播，增加软文内容的吸引力与可读性。那么，这种新闻权威式的软文，到底应该如何打造呢？笔者将其要点总结为如图 8-16 所示的 3 点。

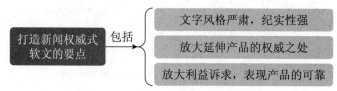

图 8-16　打造新闻权威式软文的要点

专家提醒
ZhuanJiaTiXing

在放大利益诉求的时候，可以通过权威机构的引证来表现出产品的安全性和高效性。同时展示全新的防治理念和使用方式，紧紧围绕权威、安全以及新颖等核心特点，以不断地加深产品在消费者心中的印象。

以"ZOL中关村在线"在微信公众平台发布的文章为例，如图 8-17 所示。从图中可以看出，此篇软文不仅清楚展示了作者的名字、发布的时间，而且还通过比较严肃的文字风格表达了 MWC 的相关内容，是典型的新闻报道式软文，跟新闻报道区别不大。

再来看新闻权威式软文，如图 8-18 所示，为"人民日报"在微信公众平台发布的关于共享单车的内容。其中主要通过纪实性强的文字表达了对共享

单车的看法,同时还用数字的形式充实文章内容,提升权威性。

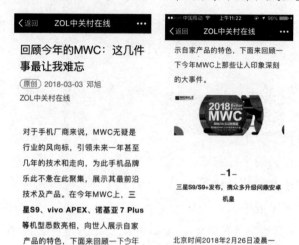

图 8-17　新闻报道式软文

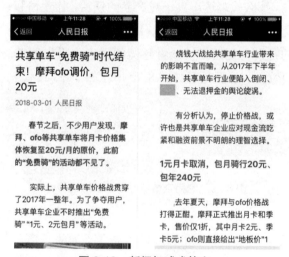

图 8-18　新闻权威式软文

089 利用亲情诱导:引起消费者的亲情共鸣

企业做软文营销时,可以利用亲情来打动读者,传播软文主题。从读者的角度出发,表达消费者的心声,引起消费者的亲情共鸣,让消费者在温馨亲情的驱动下认同并购买产品。

知识解析

这样的软文营销主要是通过引起情感共鸣来实现的，而它也有针对的人群，如下所示：

（1）孝敬长辈的子孙辈；

（2）疼爱丈夫的家庭主妇；

（3）呵护子女的父母长辈；

（4）爱惜妻子的模范丈夫。

如果是女儿买给父亲的产品，就最好用女儿的角色去说话，从女儿的角度表达对父亲的敬爱，以便激起女儿对父亲的关爱和体贴；如果瞄准的目标消费群体是丈夫，那么就表达出妻子对产品的期待，让爱情和亲情共同作用，从而促使目标受众对文章感兴趣，进一步购买产品。

值得注意的是，在利用亲情或者感情的因素来吸引读者的眼球时，为了达到理想的营销效果，还要注意如图 8-19 所示的 3 个问题。

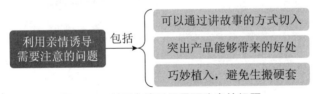

图 8-19　利用亲情诱导需要注意的问题

专家提醒
ZhuanJiaTiXing

在软文中添加亲情因素时，要从不同的角度把握读者的心理，切忌一概而论，套用模板。如果想通过亲情诱导读者购买相关的产品，就需要密切关注目标读者的动态，比如心理状态、外界因素的影响等。当然，最好的方式还是对其进行专门的调查，研究透彻后再撰写相关的软文。

案例展示

以"强生婴儿新妈帮"在微信公众平台推送的《凛冬将至 | 宝宝肌肤挑

这 12 个营销技巧，是 10W+ 阅读量软文写作高手不愿告诉你的

战完美极限》一文为例，该文就是从妈妈关心自己孩子的角度出发，倾心打造的，主要是推销宝宝用的护肤品的软文，如图 8-20 所示。

图 8-20　"强生婴儿新妈帮"推送的亲情诱导式的软文

再以儿女关爱妈妈为例，如图 8-21 所示，为"Olay"在微信公众平台上发布的关于给妈妈送惊喜的软文。这篇软文不仅大打亲情牌，而且还借用了节日的氛围来为其造势。

图 8-21　"Olay"推送的亲情诱导式的软文

从标题就可以看出文章是围绕母子之间的情感展开的，而正文的内容确实也是以表达对母亲的感恩为主，从广大儿女的群体角度出发，促使他们产

生立即报答母亲的想法，并积极购买文中提到的相关产品。

专家提醒
ZhuanJiaTiXing

人人都有情感，而亲情又是种种情感中最为珍贵的一种，它是一种血脉相连的感情，难以割舍。如果企业在撰写软文时能够很好地利用这一点，就能轻松俘获读者的心，将其成功转换为消费者。

090 制造热卖情景：营造出产品热销的感觉

社会上的绝大多数人都喜欢跟风，看到哪里人多就会去哪里，热卖的东西人们喜欢跟着抢，很多人说好的东西就相信是好的，这是很明显的从众和跟风心理。

知识解析

根据这些心理，企业可以制造热卖情景的软文营销，吸引消费者的眼球。用软文撰写出真实的情景，营造热烈的氛围，让读者产生一种产品热销甚至断货的感觉，从而让他们在热潮中产生购买的冲动和迫切感。

那么，应该如何制造出产品的热销场面呢？根据笔者的经验，常用的方式有如图 8-22 所示的 3 种。

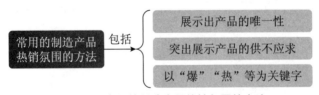

图 8-22　常用的制造产品热销氛围的方法

通常在实体店中，为了营造商品热卖的场面，会采用播放音乐、喊口号以及招揽顾客等方式，事实也证明，大多数人都爱去氛围比较热烈的店铺购物。因此，在撰写软文的时候，制造热销的氛围也是十分有必要的，这不仅能够吸引读者的眼球，还可以提升产品的销售量。

以"innisfree悦诗风吟"在微信公众平台推送的软文为例，如图8-23所示，该文从不同的角度分析了热销商品的特点，同时还通过图片展示了商品的火爆性。大力吸引读者购买商品，从而实现了软文营销的目的。

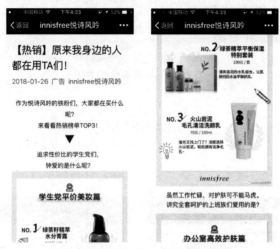

图8-23　制造商品热销氛围的软文

其实，制造商品的热销场景并不困难，最重要的就是掌握读者的心理，知道他们想得到什么，高质量的产品还是贴心的服务，或者是两者都想得到。只有这样，软文营销的效果才能得以体现。

091 揭开面纱：容易产生强大的点击率

企业在做软文营销时，可以运用揭开面纱的方法，抓住读者心理，制造神秘面纱即将要被揭开的气氛，给读者一种不看的话定会后悔的错觉。而揭开面纱式软文的内容，容易产生强大的点击率，获得不少的注意力。

揭开面纱其实就是从不同的角度设置悬念，最大程度地吸引读者的注意力，从而促进产品的销售。这不仅是撰写软文的技巧，也是提升产品销售率的法宝，对大多数读者都是奏效的。

那么，我们究竟应该怎么揭开这层面纱呢？在揭开面纱的时候怎么做比较好呢？笔者将其主要技巧总结为如图 8-24 所示的 3 点。

图 8-24　揭开面纱的方法

以"潮流搭配小课堂"在淘宝头条平台发布的软文为例，如图 8-25 所示。

图 8-25　揭开面纱式的软文案例

从标题开始蒙上神秘的面纱，"一个人的衣品如何，看这一点就知道了！"，读者肯定会疑问："这一点是哪一点？"然后继续往下看正文，而软文则会娓娓道来，将标题蒙上的面纱一层一层地揭开，最后引出宣传和推广的产品。

092 借明星之势：容易引起粉丝们的强烈关注

软文的撰写不能忽视明星效应，这种效应不仅可以吸引强烈的人气，而且还会带动广大人群的积极性，特别容易引起粉丝们的追捧和支持。但需要注意的是，明星效应是利弊兼具的，因此，软文的撰写应重点选择正面形象的明星作为主角，这样才不会有谩骂声或质疑声。

知识解析

巧妙利用明星效应是营销中的常用手段，如果要通过软文进行营销的话，这也是一种不可错过的方法。因为这种方法有很多方面的好处，具体如图8-26所示。

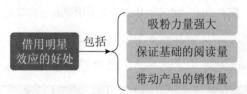

图 8-26　撰写软文借用明星效应的好处

那么，在创作的过程中，我们究竟应该如何做才能将明星效应发挥得恰到好处、淋漓尽致呢？笔者将其主要方法总结为如图8-27所示的3种。

图 8-27　撰写软文借用明星效应的方法

案例展示

首先来看"欧莱雅中国"在微信公众平台推出的关于新产品的软文，它借助的是吴彦祖的人气效应，如图 8-28 所示。该文一方面展示了吴彦祖个人的保养习惯；另一方面又突出了欧莱雅品牌产品的优势，两者的巧妙结合形成了营销之势。

图 8-28　"欧莱雅中国"借用明星效应的软文

其次是通过明星出镜短视频的方式来撰写软文，如图 8-29 所示，为"德芙 DOVE"发布的公众号文章，其中提到的明星是马思纯。

图 8-29　"德芙 DOVE"借用明星效应的软文

这则软文的特色在于两个方面：一是通过明星短视频的方式来吸引人气；

二是大打感情牌，让产品与亲情结合在一起，并以明星之口来进行宣传和推广，有效吸引了广大读者的眼球，从而进一步促进了产品的销售。

最后是通过互动形式赢得粉丝支持的软文形式，当然，这种互动与一般的平台互动不同，是指文章传达明星与粉丝可以进行互动的信息。如图 8-30 所示，为"兰蔻 LANCOME"在微信公众平台推送的软文，其中提及了鹿晗与粉丝进行互动的内容，引得无数粉丝在评论区留言，基本上都是被明星的光环吸引而来的。

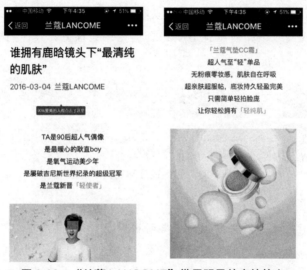

图 8-30　"兰蔻 LANCOME"借用明星效应的软文

专家提醒
ZhuanJiaTiXing

值得一提的是，明星力量固然强大且不可思议，但也不能完全忽视明星素材与产品内容的结合。如果只是机械性地生搬硬套，那么就很难达到软文营销的效果，既降低了软文的价值，也无法有效推销产品。

093 巧妙晒单：激发客户心动最强的手段

互联网营销中少不了晒单和晒好评等分享类营销的方式，其重要意义是用来吸引消费者关注商家，从而使其产生更多的消费行为。而这种营销方式同样也可以运用到软文营销之中，因为巧妙晒单是激发目标客户购买欲的最佳手段。

知识解析

商家们在软文中进行相关产品营销活动推广的过程中，除了需要呈现产品的图片和基本信息以外，为了取得顾客的信任，也可以晒一些成功的交易单。不过值得我们注意的是，在晒单的时候，还要遵循两点原则，即适度和真实。

那么，我们应该如何做到适度和真实呢？笔者将其具体的表现总结为如图 8-31 所示的两点。

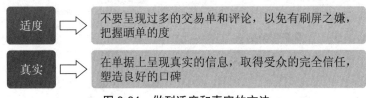

图 8-31　做到适度和真实的方法

专家提醒　切忌犯了部分微商刷屏的错误，坊间有句老话："微商朋友少"，就是指的这种刷屏的做法。还有，我们平时无论是晒单还是晒好评，都需要注意节制。现在的大部分消费者接受不了突如其来的硬性广告，所以我们需要在方式方法上注意这些细节。

从营销角度来说，适度地晒一些交易单之类的营销信息，可以大大地刺激消费。那么晒交易单究竟有什么好处呢？一是可以勾起读者的好奇心，很多人看到此类的信息都会忍不住阅读；二是提升读者或者客户对产品和品牌的好感度和信任值，从而保证产品的稳定销量。

案例展示

以"四六级考虫"在微信公众平台推送的软文为例，该文就是通过展示用户的使用感受来吸引更多的读者关注，而且它还是通过第一人称的口吻讲述的，也就是从用户的角度来展示消费感受和效果，如图 8-32 所示。

👤 这12个营销技巧，是10W+阅读量软文写作高手不愿告诉你的

图8-32　"四六级考虫"巧妙晒单

　　"四六级考虫"的晒单方式是比较别出心裁、独树一帜的，虽然是晒单，但却晒得不露痕迹。整篇文章看起来都是用户在讲述自己的亲身经历，如何学习英语、怎么通过"四六级考虫"的课程得到成绩的提升以及学习中的心路历程等。实际上，字里行间都渗透了"四六级考虫"课程的宣传和推广，在不知不觉之中就达成了营销目的，这才是晒单的正确方式。

　　此篇文章一出，众多粉丝纷纷留言，表示自己的决心以及对"四六级考虫"的感谢和帮助等，如图8-33所示，足以见得这个方式是很奏效的，引起了很多致力于四六级考试的读者的共鸣。

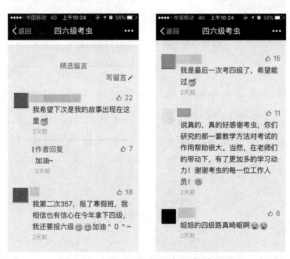

图8-33　粉丝对于晒单文章的评论

094 晒好评：让事实说话，最有价值的广告

我们在进行软文营销推广的过程中，为了让顾客更充分地信任产品和品牌，还可以把受众的好评拿出来"晒一晒"。通常来说，提到"好评"，大家立马就会想到淘宝。实际上，无论是淘宝，还是微信公众号，或者是微信小程序，都使用了展示优质评论以吸引更多人群的这一营销手段。

知识解析

"好评"可以称得上是比较自然植入的营销方式之一，很多场景都需要它来引起消费者的关注和购买欲，特别是在网络营销日益成熟的市场环境下，很多消费者都是通过在网络上获取信息来选择产品的。因此，晒好评，说实话，是最富有价值的广告形式。

那么，在软文之中，我们应该如何晒好评呢？虽然好评容易得到，但怎么样更好地呈现需要掌握一定的技巧，具体如图 8-34 所示。

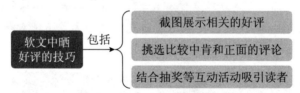

图 8-34　软文中晒好评的技巧

专家提醒
ZhuanJiaTiXing

很多商家和企业在软文中晒好评的时候没有注意挑选的标准，结果往往会使得预想效果与实际效果不符。而且晒好评的目的一方面是为了吸引读者的目光；另一方面也是为了让更多的读者参与到评论之中，从而为传播品牌奠定更加坚实的基础。

案例展示

以"Curel 珂润"在微信公众平台推送的软文为例，该文就是通过展示粉

👤 这 12 个营销技巧，是 10W+ 阅读量软文写作高手不愿告诉你的

丝的评论留言截图来吸引更多的关注，并结合参与活动抽奖的方式和读者展开精彩的互动，如图 8-35 所示。

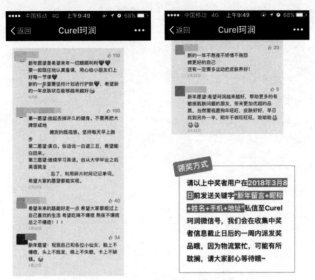

图 8-35 "Curel 珂润"巧妙晒评论

"Curel 珂润"在此则推送中展示的评论都是积极正面的，而且都是围绕"新年"这一关键词进行描述的，不仅鼓舞了读者，同时也为品牌传递了正能量。

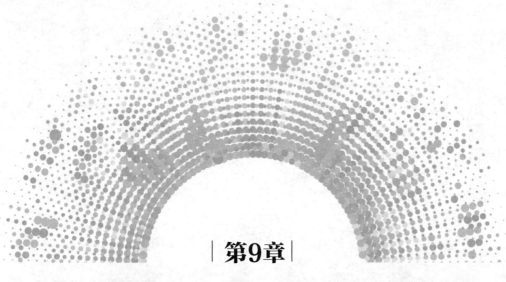

| 第9章 |

这14种推广方式，为10W+阅读量
软文架设亿量级引流渠道

一篇软文如果做到了内容优质、针对人群精确以及营销方式巧妙，就意味着已经成功了一大半。那么，剩下的一小半是什么呢？宣传推广。虽然在打造软文的时候就已经考虑到了传播的问题，但还是要在后续的过程中对其进行专门地推广，如此才能达到理想的效果。

这 14 种推广方式，为 10W+ 阅读量软文架设亿量级引流渠道

095 头条号推广：抓住关键词进行热点推广

随着自媒体的火热，各大新媒体平台也开始层出不穷，而今日头条就是其中比较著名和火热的一个，如果想借用它来推广软文，就可以通过抓住关键词的方式进行热点推广。

知识解析

众所周知，头条号是一个资讯丰富且聚集了很多优秀自媒体的新媒体平台，有不少的创作者在此平台上找到了自己的位置，实现了自身的价值。不仅如此，他们还能够做大做强，学会了通过文章进行营销和推广。

那么，在头条号上应该如何来宣传和推广呢？由于平台明确规定不能带有明显的营销字眼，因此我们最好事先掌握一些小秘诀，如图 9-1 所示。

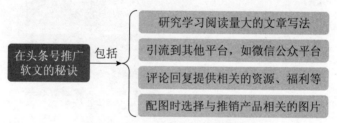

图 9-1 在头条号推广软文的秘诀

在引流到其他平台的时候，为了绕开头条平台的严格审查，也需要掌握相关的技巧，因为通过头条平台审核的文章中是不允许出现诸如微信、微信公众号等字眼的，因此掌握引流的诀窍很重要，笔者总结了如图 9-2 所示的 3 种方法。

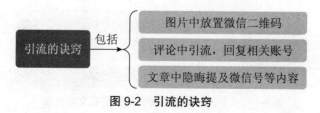

图 9-2 引流的诀窍

专家提醒
ZhuanJiaTiXing

学习别人撰写和引流的技巧十分重要，主要是对其标题的写法、关键词的把握以及引流的技巧进行学习和研究，得出经验，然后学以致用。

案例展示

以"手机摄影构图大全"在头条号上推送的内容为例，它是几乎每周都会发布3篇文章，而且节假日也会按例发文，图9-3所示就是它于元宵节发送的文章。

图 9-3　头条号的软文推广

"手机摄影构图大全"在头条上的发文主要是为了吸引读者关注自己的微信公众号和发行的图书：一是致力于吸粉；二是为了推销自己的产品，实现双向盈利。那它究竟是怎样在头条号上进行推广的呢？笔者将其主要方法总结为如图9-4所示的三点。

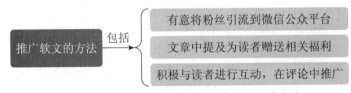

图 9-4　"手机摄影构图大全"推广软文的方法

这 14 种推广方式，为 10W+ 阅读量软文架设亿量级引流渠道

专家提醒
ZhuanJiaTiXing

很多企业和商家之所以选择在头条号的平台上进行推广，一是因为平台资源丰富，受众比较多；二是因为头条的平台支持政策比较优惠，对于很多创作者而言有实际的利益帮助，因此成功的概率更大。当然，虽然今日头条提供了很多便利和优惠，但最好还是保证发文的质量，如此才能达到推广的理想目标。

096 APP 推广：借助亿级流量提升软文阅读量

随着移动互联网和移动设备的不断发展，APP 已经成为众多商家和企业推广营销的重要阵地，软文营销也是一样，借助 APP 的良好平台可以享有更多的曝光机会，进而提升软文的阅读量。

知识解析

在 APP 平台上进行营销推广是很多商家、企业已经使用的一种手段，有的甚至已经达到了炉火纯青的境界。为什么如此多的商家和企业都乐意在 APP 上宣传和推广产品呢？笔者认为有如图 9-5 所示的三点原因。

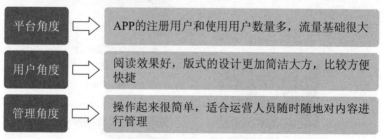

图 9-5 在 APP 推广产品的原因

那么，我们应该如何在诸多的 APP 上进行软文营销，并保证软文营销取得一定的成效呢？笔者将其经验技巧总结为如图 9-6 所示的五点。

值得注意的是，在选取 APP 平台的时候，由于平台繁多，因此最好根据自己的需要来选择，盲目地选择往往会让效果适得其反。而且在学习其他优秀的软文时，应该事无巨细，一一分析，比如"标题怎么取能获得更大的点

击量""正文中如何引流或者植入广告"等。

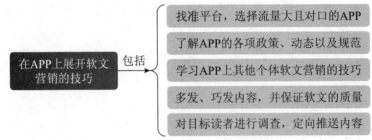

图 9-6　在 APP 上展开软文营销的技巧

以手机淘宝为例，它是一个典型的电商平台，主要提供各种各样的商品，可谓应有尽有，十分便捷，对人们的生活方式和习惯造成了巨大的影响。在这个平台上进行软文营销主要是通过"淘宝头条"这一功能实现的，如图 9-7 所示，为"居家说家"的家居自媒体在"淘宝头条"上推送的一则软文。

图 9-7　手机淘宝 APP 上的软文展示

因为手机淘宝的特殊性质，软文的写作大多都是围绕自身平台的商品展开的，目的是吸引更加精确的目标消费者，通过推荐、揭秘以及经验分享等方式来推送软文，从而进一步勾起消费者的购买欲望。

这 14 种推广方式，为 10W+ 阅读量软文架设亿量级引流渠道

专家提醒
ZhuanJiaTiXing

这一则软文主要是分享房屋装修中关于地板材料选择的相关经验，既是提供装修的窍门，又是对相关的产品进行推销。在电商 APP 上实行软文营销是比较容易的，除了手机淘宝，还有聚美优品、蘑菇街、京东以及美丽说等 APP 平台都开设了了提供软文营销的栏目。

097 朋友圈推广：获取人流量，提高产品曝光率

微信朋友圈是一个可以随时随地发表动态、展示心情的平台，很多人喜欢关注朋友圈的动态，看看自己朋友们的近况。所以企业可以利用微信朋友圈来做软文营销，从而获取流量、产品曝光率以及品牌关注度。

知识解析

企业在朋友圈里运行软文营销之前，要先研究朋友圈的两个特性：

● 朋友特性。在朋友圈做软文营销就是拿那自己的名誉做赌注，只要还想保持朋友关系，就不能对自己的朋友坑蒙拐骗，从而取得朋友们的信任。

● 圈子特性。俗话说"物以类聚，人以群分"，一个圈子里的一群人肯定有共同爱好或共同经历，这也是软文营销在朋友圈运行的价值所在。

朋友圈的这两条特性，奠定了软文营销在朋友圈运行的强大威力和无限效果。在知道朋友圈特性之后，就要开始掌握一些技巧来发布软文了，下面介绍如图 9-8 所示的在朋友圈上运行软文营销的六点技巧。

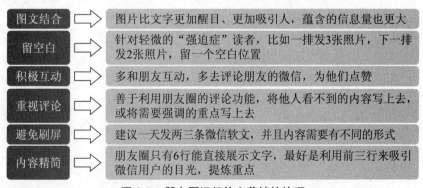

图文结合	图片比文字更加醒目、更加吸引人，蕴含的信息量也更大
留空白	针对轻微的"强迫症"读者，比如一排发3张照片，下一排发2张照片，留一个空白位置
积极互动	多和朋友互动，多去评论朋友的微信，为他们点赞
重视评论	善于利用朋友圈的评论功能，将他人看不到的内容写上去，或将需要强调的重点写上去
避免刷屏	建议一天发两三条微信软文，并且内容需要有不同的形式
内容精简	朋友圈只有6行能直接展示文字，最好是利用前三行来吸引微信用户的目光，提炼重点

图 9-8 朋友圈运行软文营销的技巧

此外，在朋友圈进行营销时，最好不要只宣传产品的信息，应该要有一些自己生活写照的东西，比如今天去哪里玩了、心情怎么样等，以拉近与朋友们的距离。

以某商家为例，它在朋友圈营销的手段就比较高明，主要是通过图文并茂的方式来推广产品，而且还会在评论的区域添加产品的相关信息，如图 9-9 所示。

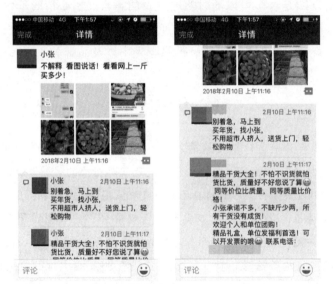

图 9-9　朋友圈营销推广的展示

此外，它推送广告的频率也不是很高，一天最多两三次，而且还会采用短视频等不同的方式来推销产品，如图 9-10 所示。

这 14 种推广方式，为 10W+ 阅读量软文架设亿量级引流渠道

图 9-10　采用短视频在朋友圈营销推广

朋友圈推广和营销实际上是比较常见的一种方法，它不仅愈加流行，而且还渐渐形成了标签性的一大群体——微商。不得不说，这种微型的软文营销方式效果确实十分显著，只要懂得经营，一定会有所收获。

098　公众平台推广：打造更具影响力的品牌形象

微信公众平台的口号是"再小的个体，也有自己品牌"，可以看出它对于企业的品牌推广而言是很重要的。现在大多数企业和商家都开通了专属的微信公众号，目的是通过这个平台传播品牌和产品的影响力，从而更好地促进销售。

微信公众平台分别为服务号、订阅号以及企业号三类，不同的平台类型拥有不同的功能，具体如表 9-1 所示。

表 9-1　微信公众号不同类型对应的功能

微信公众号类型	功　　能
服务号	（1）1 个月内可以发送 1 条群发消息 （2）发给订阅用户的消息，会显示在对方的聊天列表中，并出现在相对应的微信首页 （3）服务号会出现在订阅用的通讯录中。通讯录中有一个服务号的文件夹，用户只要点开，就可以查看所有的服务号 （4）服务号可申请自定义菜单
订阅号	（1）每天 24 小时内可以发送 1 条群发消息 （2）发给订阅用户的消息，将会显示在对方的"订阅号"文件夹中，点击两次可以打开 （3）在订阅用户粉丝的通讯录中，订阅号将被放入订阅号文件夹中，用户不用再好友列表里查找 （4）订阅号不支持申请自定义菜单
企业号	（1）主要受众为企业内部员工 （2）一般发布企业告示、新闻、员工注意事项等 （4）消息显示位置出现在好友会话列表首层 （5）有基础消息接口或自定义菜单 （6）有高级接口能力 （7）最高每分钟可群发 1000 次

　　企业或个人可以根据自己的需求来进行微信公众号的选择，然后利用微信公众号进行有价值的软文营销，那么，应该如何在公众号平台上进行营销和推广呢？主要的方法如图 9-11 所示。

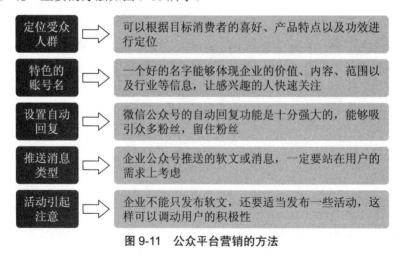

定位受众人群	可以根据目标消费者的喜好、产品特点以及功效进行定位
特色的账号名	一个好的名字能够体现企业的价值、内容、范围以及行业等信息，让感兴趣的人快速关注
设置自动回复	微信公众号的自动回复功能是十分强大的，能够吸引众多粉丝，留住粉丝
推送消息类型	企业公众号推送的软文或消息，一定要站在用户的需求上考虑
活动引起注意	企业不能只发布软文，还要适当发布一些活动，这样可以调动用户的积极性

图 9-11　公众平台营销的方法

　　其中，在为微信公众号取名称时，有多种方法可以借鉴，具体如图 9-12

所示。

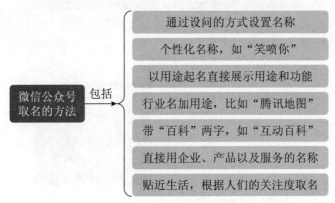

图 9-12　微信公众号取名的方法

同时，在推送消息时，无论什么类型的公众号，都应该遵循如图 9-13 所示的两点要求。

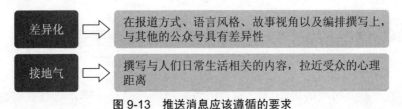

图 9-13　推送消息应该遵循的要求

专家提醒
ZhuanJiaTiXing

微信红包是微信用户喜爱的一个功能，因此在企业微信公众号里适当发一下红包，可以吸引起微信用户的注意力，拉近彼此之间的距离。

案例展示

微信公众平台的营销推广已经一步一步愈加成熟了，不管是企业还是个人，都能够通过推送文章来获取一定的效益。图 9-14 所示为"汉堡王中国"的公众号推送的文章，它主要通过比较直接的广告形式推广自己的产品，标题采用的则是比较醒目的数字式，有力地吸引了读者的注意力。

值得一提的是，在文末"汉堡王中国"还通过可爱生动的卡通图片吸引读者成为会员，并以赠品诱惑，大大促进了读者的购买欲望。

图 9-14　微信公众平台的营销推广

099 微信群推广：最精准的社群营销渠道

如今不少的微信群，已经成为消费者搜索产品、品牌，进行互动交流的重要场所。微信群组可以实现一对多的沟通，为企业提供接近消费者的互联网平台。

知识解析

微信群是比较私密的，一般只有关系比较好的朋友或者是有固定关系组带的人群才会成立一个共同的群，人人都有理由建立一个微信群，然后在微信群里不断地交流，个人可以拉近与朋友的感情，企业可以拉近与粉丝的距离。

微信群有一个非常大的特点："免费"，且不说运营群的方面，单单建群，就无须花费什么费用，只要有微信里有朋友，都能免费建群。微信中的成员都可以直接把自己的微信好友拉入群，通常并不需要对方同意就可加入。

那么，在微信群进行营销推广的时候，究竟应该怎么做好呢？如何营销才能赢得受众的好感和信任呢？笔者将其要点总结为如图 9-15 所示的四点。

这14种推广方式，为10W+阅读量软文架设亿量级引流渠道

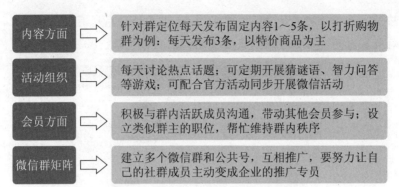

图 9-15　微信群进行营销推广的要点

专家提醒
ZhuanJiaTiXing

微信群是"抢红包"的好场所，因为微信的便捷性，更多的社群成员希望参加进来，从而能在自己所在的社群中享受"抢红包"的乐趣。如今，红包已经成为企业利用互联网展开营销的普遍手段，红包的金额可以不大，但只要发了就能引起用户之间"抢红包"的兴趣，因此这样的互动是很有必要的。

案例展示

以"省钱小猪福利群"为例，这是一个专门提供购物优惠券和福利的微信群，其中的群成员也大多都是手机淘宝的用户，如图9-16所示。这个群之所以能够吸引如此多的成员，主要是因为它带来了实实在在的利益，做到了精准营销。

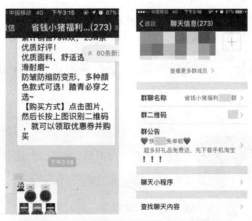

图 9-16　微信群进行营销推广的案例展示

除了每天提供相关的商品信息和福利，群主还会对所有的成员送上问候，表达对所有人的关心，积极与成员互动，活跃群气氛，如图 9-17 所示。

图 9-17　微信群主活跃气氛的表现

100　QQ 群推广：积极混群将软文靠紧需求

QQ 群推广是一种比较简单的推广方式，同时也比较机械和死板，但不可否认的是，这种推广方法行之有效。它也属于社群推广的一种，虽然很多人认为微信群的功能已经超过了 QQ 群，甚至已经将其取代，但不可否认的是，QQ 群仍在某些方面具有得天独厚的优势。

那么，QQ 群推广究竟有哪些好处呢？笔者认为其优势有如图 9-18 所示的三点。

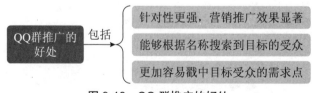

图 9-18　QQ 群推广的好处

这14种推广方式，为10W+阅读量软文架设亿量级引流渠道

既然 QQ 群推广的好处这么多，那么在具体的操作之中应该怎么做呢？笔者将其推广流程简单总结为如图 9-19 所示的流程。

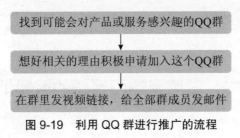

> 找到可能会对产品或服务感兴趣的QQ群
>
> ↓
>
> 想好相关的理由积极申请加入这个QQ群
>
> ↓
>
> 在群里发视频链接，给全部群成员发邮件

图 9-19　利用 QQ 群进行推广的流程

专家提醒
ZhuanJiaTiXing

在借助 QQ 群进行营销推广的过程中，需要对用户进行精准的定位。比如推广护肤品，就可以选择加入爱好护肤的 QQ 群之中。如果没有提前准确定位用户，就可能"竹篮打水一场空"，难以达到理想的推广效果。

案例展示

以"美容美肤化妆"的 QQ 群为例，通过在 QQ 中搜索"护肤"关键字，即可看到诸多美容护肤的 QQ 群，点击进去就能看到相关的介绍，如图 9-20 所示。对其中的聊天内容进行搜索、查询，如"群链接"，就可以看到护肤相关的知识，比如微店、护肤秘诀以及代购信息等。

图 9-20　利用 QQ 群进行推广的案例展示

利用 QQ 群做营销推广的企业和商家虽然不多，但这种推广方式也应该引起重视，特别是那些已经定位好用户人群和目标读者的商家和企业，都可使用 QQ 群来推广产品。

101 微博推广：微博是热门话题的聚集地

在微博进行软文推广时，最好以一种活跃的气氛出现在读者的面前，这样才能引起读者的注意力。如今最为火爆的微博展现形式就属"视频＋文字"和"图片＋文字"了，此外，动图也以自己独特的魅力吸引了无数人的眼光。总之，不得不说微博平台是一个十分热门、火爆以及充满活力和生机的话题聚集地。

知识解析

微博作为庞大流量的焦点平台，向来是各大企业和商家宣传推广的不二选择，结合微博本身形式多样，信息内容精简等特点，软文营销在此成为了可能。而且，通过微博这个平台，软文可能会获得更多的浏览量，可以进一步提升产品的曝光率和销售量。

虽然微博平台拥有诸多推广、营销的优势，但要想获得理想的营销效果，却不是轻轻松松就能做到的。那么，在微博上究竟应该如何进行推广呢？笔者在这里总结了如图 9-21 所示的三种方法。

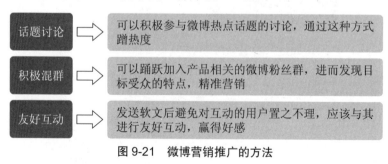

图 9-21　微博营销推广的方法

这14种推广方式，为10W+阅读量软文架设亿量级引流渠道

专家提醒
ZhuanJiaTiXing

利用微博进行营销推广时，还要注意软文的推送时间是否合适、形式是否动人以及内容是否符合受众要求等。而且在一些节假日期间，还要注意加大营销的力度，懂得把握时机。

案例展示

以"雅诗兰黛"为例，它在微博上对自身的产品进行推广时，既采用了丰富多彩的形式，如"视频＋文字"和"图片＋文字"，又参与了相关的话题讨论，如图9-22所示。

图 9-22 微博营销推广的案例展示

102 学会 @ 推广：借助公众人物的粉丝扩大影响力

"@"在微博里的作用非常重要，企业可以巧用微博里的@，但不要滥用，有时候可在博文里"@"明星、媒体以及企业等。@推广，是微博之中比较有价值的推广方式之一，学会@推广，可以借助公众人物的粉丝扩大自己的影响力，从而更有力地推广产品和品牌。

知识解析

如果企业在某个领域有一定知名度的话，那么可以 @ 知名媒体和明星。如行业名人微博或企业微博，在有一定影响力的前提下，这些媒体或名人会考虑回复你的内容，从而借助他们的粉丝扩大自己的影响力。但大多数微博用户是不具备这个条件的，普通微博用户可以选择 @ 如图 9-23 所示的三类用户。

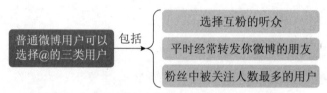

图 9-23　普通微博用户可以选择 @ 的三类用户

此外，在微博进行 @ 推广的时候，也要注意一些相关的问题，具体的注意要点如图 9-24 所示。

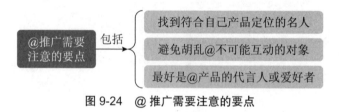

图 9-24　@ 推广需要注意的要点

> **专家提醒**
> ZhuanJiaTiXing
>
> 虽然 @ 推广的操作比较简单可行，但在实际的推广过程中要注意相关的细节，避免做无用功。

案例展示

以"水密码"的 @ 推广为例，为了营造产品的热销氛围以及推广产品，"水密码"的官方微博账号在推送的消息中分别 @ 了明星"赵丽颖"和"京东商城美妆"，如图 9-25 所示。

"水密码"的 @ 推广是比较成功的，一方面涉及了比较出名的明星，吸引了人气；另一方面还通过赠送福利等方式让消费者关注自己的产品，从而提升了产品的销量，聚集了人气。

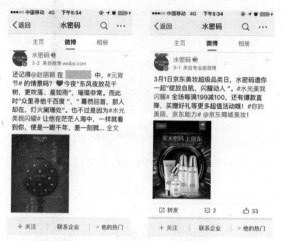

图 9-25　"水密码"的 @ 推广

103 百度推广：通过百度竞价来做软文营销

百度百科是向所有人开放的一个免费获取知识途径的大平台，其具有偌大的知识库，里面的文档成千上万，都是网友们的知识结晶。它可以帮助大部分网民迅速答疑解惑，为网民提供权威、可信的知识。

知识解析

企业应该如何利用百度百科运作软文营销呢？其实很简单，企业可以通过百度百科，介绍企业品牌、产品等信息，让广告打得理所当然。通过百度推广的好处是显而易见的，具体体现在如图 9-26 所示的 3 个方面。

图 9-26　百度推广的好处

而在百度百科上进行软文营销则可以分为 4 大步骤，如图 9-27 所示。

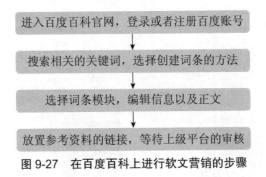

进入百度百科官网，登录或者注册百度账号

搜索相关的关键词，选择创建词条的方法

选择词条模块，编辑信息以及正文

放置参考资料的链接，等待上级平台的审核

图 9-27 在百度百科上进行软文营销的步骤

在百度百科上进行软文营销时，可能会遇到一些问题，笔者将其总结为如下几条。

（1）在编辑词条时，会出现两种情况，一种是百度文库没有收录到此词条，需要自行创建，则点击"我来创建"；另一种是百度文库已经收录了该词条，届时可以单击"编辑"，在原本词条的基础上改善词条。

（2）词条名就相当于软文标题，所以撰写软文标题的招数可以在这里用上，不过标题要与整个百科内容所表达的主题一致。

（3）概述部分是放置整体百科信息精华部分的位置，读者就是从概述部分判断百科是否是他们想要的答案、内容，所以概述部分就放置软文的浓缩版，尽量写得有吸引力一点，一般概述部分能写 600 个字。

（4）基本信息栏，主要是填写一下最基本的信息，如企业想要在百科里撰写一个品牌故事软文，则需要在基本信息栏上，填写企业名称、品牌名称、开创时间以及主要产品等信息，能让读者有一个初步的了解。

（5）正文部分是概述的延伸，将详细讲述概述部分没有提到的内容。总之，正文部分写得越饱满，就越能留住读者的目光。

案例展示

以"软文营销实战 108 招：小软文大效果"词条为例，它就是根据以上提到的步骤一步一步编辑出来的，如图 9-28 所示。

词条的存在既是为了展示自己的产品信息，同时也是为了推广营销，提升产品的知名度，进而吸引消费者阅读和购买。

图 9-28　百度百科词条展示

值得注意的是，在百度百科上编辑词条、推广新产品时，如果是系列产品，需要不断更新词条的内容。这样做是为了让广大的搜索对象第一时间了解产品的最新信息，从而在短时间内产生购买行为。

104 贴吧推广：发帖、顶帖、互动的营销方式

百度贴吧是人们空闲时喜欢聚集的地方，人气比较高，很多企业都将目光放在了百度贴吧上。在这里进行软文营销，以软文的方式与网民互动，在此过程中达到广告宣传的效果，可谓是在快乐中赚钱，并且还可以提升品牌的口碑和用户数量。

虽然百度贴吧里设有广告发布专用帖，可以直接发布广告内容，不过这种帖子的存活时间不长，一般就两周的时间，对企业的宣传效果并不大。所以，企业还是需要将目光放到软文上，辛勤付出才能有比较丰厚的回报。那么，在百度贴吧上究竟应该怎么通过软文进行营销呢？笔者将其要点总结为如图 9-29 所示的 3 点。

图 9-29　在百度贴吧进行软文营销的要点

首先，标题要富有魅力。前面章节的内容有一部分专门讲解了如何撰写标题，其实，取标题的技巧在任何场景中都是适用的。在百度贴吧中取软文标题时，需要注意如图 9-30 所示的 4 个问题。

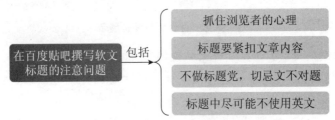

图 9-30　在百度贴吧撰写软文标题的注意问题

其次，关键词的合理布局。关键词和标题的作用大同小异，它的存在主要是为了迅速抓住读者的眼球和注意，真正好的百度贴吧软文，不能只守着论坛里面的用户，应该要扩大阅读人数，这点可以利用搜索引擎来实现，只要关键词被搜索引擎抓取，阅读人数就会越来越多。

那么企业该如何在软文中设置关键词呢？如何通过合理的关键词设置来获得曝光率呢？笔者将其主要方法总结为如图 9-31 所示的 3 点，以供大家参考学习。

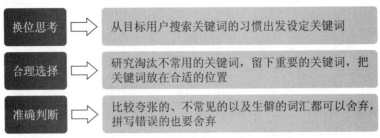

图 9-31　在软文中设置关键词的方法

最后，营造热烈氛围。在百度贴吧里的帖子很容易"沉"下去，就是没有人顶、没有人看，或者是出现高点击低回复的情况，这样的帖子是没有多大用处的。所以要学会"自回"，利用自己其他的账号，在不同 IP 的情况下，

这 14 种推广方式，为 10W+ 阅读量软文架设亿量级引流渠道

给自己已经发出去的帖子进行回复、评论。

这样一来，就制造了帖子很火爆的景象，使得其他用户觉得这个帖子值得一看，于是在不知不觉之中就能增加帖子的浏览量。

图 9-32 所示为"手机吧"里的一个精华帖子，也就是含金量比较高的帖子，这位楼主主要是通过陈述观点的方式来进行营销推广的，它主要介绍了产品的相关信息，由于推广的对象是手机，因此讲得比较客观、真实。

图 9-32　在百度贴吧推广的案例展示

此篇帖子一经推出，就引起了相关吧友的关注，纷纷在评论区域表达了自己对 OPPO R15 的看法，如图 9-33 所示。这一行为不仅能够增加帖子的曝光率，还能增加其浏览量，有助于产品的推广。

楼主自己发表帖子后，便吸引了有相同兴趣的吧友前来互动，吧友之间的一问一答形成了热烈的讨论氛围，为帖子的传播打下了良好的基础，这就是互动的作用所在。此外，这个帖子中也一直在强调"手机设计、性能"这一核心问题，实际上也就是关键词的展示，为其他吧友搜索相关的内容提供了依据。

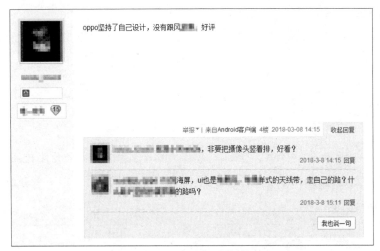

图 9-33 吧友的评论互动页面

105 论坛推广：利用高人气的论坛炒帖吸引人气

论坛推广是最早兴起，也是比较成熟的网络推广手法之一，因为简单好上手、实用性强等优势一直沿用至今，但由于论坛推广比较耗费精力，而且还需要一定的文字功底，因此对于运营人员和创作者的要求比较高。

既然论坛推广这么麻烦，为什么人们还要选择这种方式营销推广呢？笔者总结了 5 点论坛推广的好处，如图 9-34 所示。

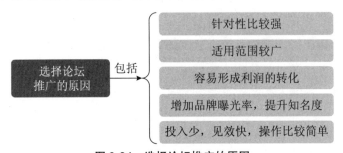

图 9-34 选择论坛推广的原因

这 14 种推广方式，为 10W+ 阅读量软文架设亿量级引流渠道

值得注意的是，利用论坛进行推广营销的时候，一定要对论坛进行有标准的挑选，具体的标准如图 9-35 所示。

图 9-35　挑选论坛的标准

论坛推广看着很简单，但是想要做好、做出效果却是有难度的，很多人以为写篇文章不停地复制粘贴就行了，这是错误的想法。完成一次成功的论坛推广需要一定的技巧和方法，下面笔者就论坛推广总结了一些方法，如图 9-36 所示。

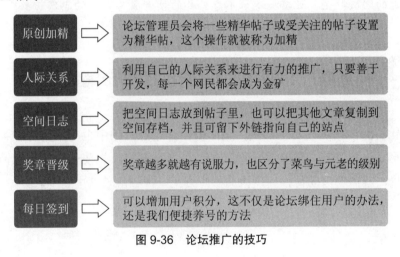

图 9-36　论坛推广的技巧

案例展示

以豆瓣社区为例，在其中发布软文也是一种比较实用的营销推广手段，如图 9-37 所示，为某用户发布的关于国产家居品牌的文章。

撰写者首先通过"MUJI"品牌作为引子，然后话锋一转，推出各种不同的国产家居品牌，巧妙推广相关的产品，并且还附上了相关的官网链接。此文一出，很多豆瓣的用户都前来评论，与作者展开了丰富而又多样的交流，如图 9-38 所示。

| 图 9-37　豆瓣的软文营销 | 图 9-38　作者与读者的互动页面展示 |

这样的推广方法不仅能够吸引众多目标受众的眼光，而且还能够勾起部分读者的购买欲望，让那些本来不感兴趣的读者成为品牌的忠实粉丝。

106 视频推广：营销效果堪比 100 个销售员

软文营销虽然以文字形式为主，但在推送的过程中也会采用各种各样的表现形式，比如静态图片、动图、语音以及视频等。想要达到软文营销的理想效果，就需要借助传播速度快的推广方式，视频就是其中之一。

视频推广通常会出现在各大电商平台，诸如淘宝、京东等，而且微信、微博上也不乏通过视频营销推广的。视频作为一种更加新鲜、快捷的媒介，在推广的效果上往往更胜一筹，具体如图 9-39 所示。

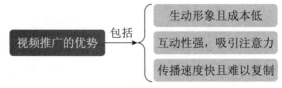

图 9-39　视频推广的优势

那么，在利用视频进行软文推广的时候，究竟应该怎么做呢？有哪些经

这 14 种推广方式，为 10W+ 阅读量软文架设亿量级引流渠道

验技巧可以借鉴呢？笔者将其方法总结为如图 9-40 所示的 3 点。

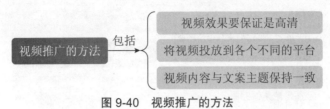

图 9-40　视频推广的方法

案例展示

以手机淘宝平台的视频推广为例，其主要形式是一句话文案加上一个短视频，如图 9-41 所示。这种推广形式不仅能直观展示产品功能，让看到的人更加信服，而且还能节省人们阅读大段文字的时间，减轻人们的疲劳感。

图 9-41　"淘宝头条"视频推广的案例展示

专家提醒
ZhuanJiaTiXing

基于移动互联网和移动设备的逐渐成熟，短视频推广已经越来越火热，在各大新媒体平台呈现蔓延之势，在营销推广的市场中占据了一席之地。

再来看微信公众平台上的案例，如图 9-42 所示，为"一条"推送的"短

视频＋文字"形式的文章，这也是一条的特色所在。不仅如此，它还设立了自己的微信小程序，直接售卖商品。

图 9-42　微信公众平台视频推广的案例展示

107　直播推广：前卫、与众不同的营销方式

随着互联网科技和视频的不断向前发展，一种新型的视频方式——视频直播逐渐走进人们的视野。作为争夺粉丝和流量的有效工具，直播不但拥有视频的直观性特征，而且互动性和即时性更强，能够有效打破时间和空间的阻碍。直播是目前火爆的社交方式之一，同时也为企业的营销打开了一条新的道路。

直播的优势很多，不仅传统的视频网站开设了此项功能，还出现了专门的视频直播平台。从 2012 年起，视频直播就开始慢慢兴起，直到现在它还在以稳劲的势头发展着。目前，我国知名的直播平台有斗鱼直播、熊猫直播等，每个视频直播平台都有自己的特色，而且也凭借其强大的功能吸引了不少用

这 14 种推广方式，为 10W+ 阅读量软文架设亿量级引流渠道

户的关注和喜爱。

直播推广的方式之所以能够为大众接受，是因为它具备别的推广方式所不具备的特色和亮点，具体如图 9-43 所示。

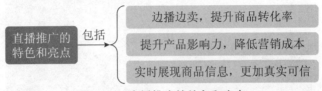

图 9-43　直播推广的特色和亮点

那么，具体应该怎么推广呢？笔者在这里总结了直播推广的 3 个要点，如图 9-44 所示。

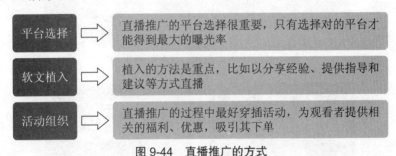

图 9-44　直播推广的方式

专家提醒
ZhuanJiaTiXing

　　在直播推广时，最好采用"边播边卖"的形式，比如美妆直播，可以在告诉观众如何化妆的同时推荐和售卖使用的化妆品，让高效转化成为可能。

案例展示

以手机淘宝中的"淘宝直播"为例，很多淘宝达人和店铺都在此平台上专门开设了直播页面进行宣传和推广。如图 9-45 所示，为某商家在直播推广玉石，实时展示各种玉石，以供买家挑选，同时买家也可以通过弹幕的方式来向卖家提出相应的要求。

这种直播推广的方式比较便捷，吸引的受众大多是目标的人群，因此在淘宝直播的界面中还展示了商品的购买链接。点击链接即可进入相关商品的购买页面，真正做到了"边播边卖"，如图 9-46 所示。

图 9-45　"淘宝直播"推广的案例展示

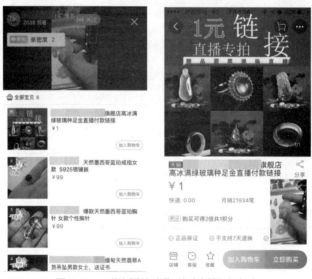

图 9-46　"边播边卖"的直播推广方式

专家提醒
ZhuanJiaTiXing

随着移动互联网和移动设备的飞速发展，直播已经成为一种越来越流行的娱乐方式。从目前的市场情况来看，它不仅仅是一种消遣，而且也在不断向电商、泛娱乐等方向大力发展，是推广的绝佳平台。

👤 这 14 种推广方式，为 10W+ 阅读量软文架设亿量级引流渠道

108 H5 推广：显著提升移动软文广告效果

"H5" 即 HTML5，也指一切用 H5 语言制作而成的数字产品，通俗点说，就相当于移动端的 PPT，常用于微信中。

通过 H5 进行软文推广，主要是借助其形式上的新颖和便捷，为读者带来非同一般的视觉效果，进而实现营销目的。

知识解析

H5 推广有着明显的优势，即推广成本低、传播力度大以及宣传效果好，如果我们想充分利用它的优势，就要对其特点了解得十分透彻。与此同时，还要注意如图 9-47 所示的 3 个问题。

图 9-47　运用 H5 推广的注意事项

案例展示

图 9-48 所示为"杜蕾斯：520 句情话"的案例，它的亮点主要体现在文案的创意、色彩的搭配以及阅读的体验上。

520 句情话，吸引了无数读者的注意力；单一的背景色，一张张渐变，给读者带来了视觉冲击；图片与文字的结合显著提升了软文的效果，让人不得不佩服杜蕾斯的文案能力。

专家提醒
ZhuanJiaTiXing

　　杜蕾斯的文案是令人惊叹的，在通过软文进行营销这一方面，商业界的文案写手都应该向它看齐。每次杜蕾斯的文案一出，总是会掀起不小的浪潮，从而不断塑造其品牌影响力。

图 9-48　"杜蕾斯：520 句情话" H5 案例展示

再来看"滴滴出行"的三八妇女节案例，如图 9-49 所示，为主题为"解锁你的少女心"的 H5 画面展示。

这一案例的特色在于策划的用心，通过符合女性视觉体验的卡通形象设计来赠送打车的优惠券，同时还设计了简单可爱的界面，既有文字也有图片。值得一提的是，用户设置好卡通形象之后，还可以进行保存和分享，以促进此 H5 案例的进一步传播和推广。

图 9-49　"滴滴出行：解锁你的少女心" H5 案例展示

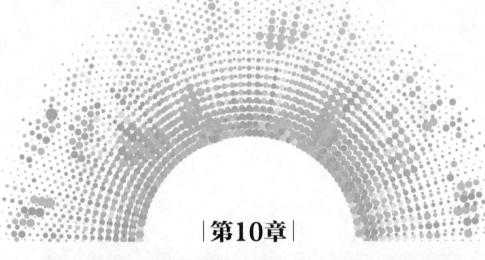

| 第10章 |

这15招优化搜索，让你10W+阅读量
软文排名靠前受读者追读

　　互联网时代，各企业商家是想尽办法在搜索引擎上进行优化，以提高自己的排名和点击量。那么，我们应该从哪些角度掌握优化搜索的技巧，使得软文的排名更加靠前，从而传播得更加广泛呢？本章将专门介绍15种优化搜索的方式，帮助大家提升软文阅读量。

学前提示

要点展示

109 百度指数：研究关键词的技巧

百度指数是一个研究关键词的工具，主要以图表的形式显示关键词的搜索量和变化，包括指数探索、数说专题、品牌表现以及我的指数栏目。

虽然百度指数是对百度搜索进行的关键词统计，但在这个移动互联网还没有完全统一时代的情况下，网络用户的网站搜索趋势可以代表移动端搜索的趋势，而百度又是人们已经习惯的搜索网站。因此，我们要多多关注百度指数的关键词动态。

那么，使用百度指数究竟有哪些好处呢？或者说，百度指数作为研究关键词的工具，有何过人之处呢？笔者将其主要优势总结为如图10-1所示的3点。

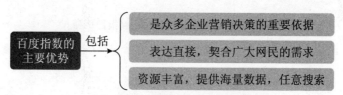

图 10-1　百度指数的主要优势

百度指数的功能包罗万象，为用户提供了诸多便利，具体的功能包括如图10-2所示的5点。

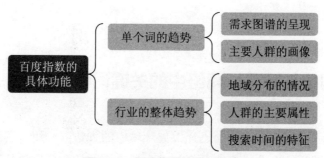

图 10-2　百度指数的具体功能

案例展示

　　以"摄影"这一关键字为例，在百度指数搜索框输入它，便会出现如图 10-3 所示的页面。我们可以看到，这里会展示"摄影"一词的趋势研究，即它的"搜索指数概况"和"搜索指数趋势"。根据图上显示，近一周来"摄影"一词的搜索有所下降，整体的趋势则是有涨有落。

图 10-3　"摄影"一词的百度指数页面

专家提醒
ZhuanJiaTiXing

　　《劝学》一文中提到："君子……善假于物也。"当我们要对某个关键字词进行研究的时候，也需要学会巧妙借助百度指数工具，从图上分析关键词的各项指标，诸如"趋势研究""需求图谱""资讯关注"以及"人群画像"等。如此才能使得软文的排名更加靠前，阅读量不断上涨。

110 网络关键词：网络中的关键词设置技巧

　　基于互联网和移动互联网迅速发展环境中的大数据应用，网络上能搜集到无数个关键词，企业对于在公众号上主要推广的软文，应该把握好网络关键词的推广。

因为网络上的关键词一般都是关于当时网民们所关注的热门事件，如果企业及时地利用热门事件进行微信软文营销，把网络上的关键词融入其中，一定能引起很多网民们的注意，取得较好的推广效果。

一般我们可以利用搜狗浏览器的微信搜索进行关键词的认真挑选，它会把微信最新的订阅关键词和热点关键词显示出来，企业可以快捷地找到适合自己产品的公众号关键词。

此外，我们还可以通过移动端，直接搜索微信中的热门关键词，如图 10-4 所示，为微信的搜索界面。

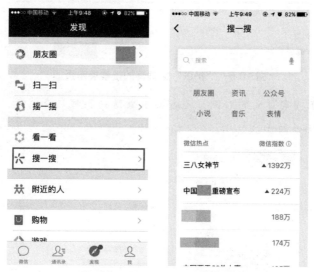

图 10-4　微信热词的搜索页面

如果想通过傍热点推广产品，可以借助这些热门关键词来撰写软文内容。不过需要注意的是，不可生搬硬套，要软性植入，读起来没有违和感。

以"护肤"一词为例，在搜狗浏览器的微信页面进行搜索后，会出现如

图 10-5 所示的页面。相关搜索的关键词会展示出来，比如"护肤小常识""男士护肤"以及"美白"等。

图 10-5　"护肤"关键词的搜索展示页面

同时，在搜索页面的右侧，还会显示微信的实时热点消息，也是热点关键词，如图 10-6 所示。

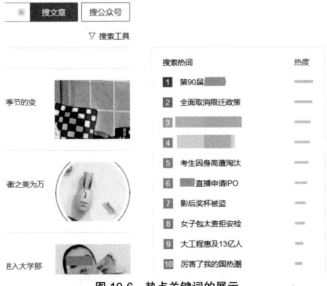

图 10-6　热点关键词的展示

这15招优化搜索，让你10W+阅读量软文排名靠前受读者追读

专家提醒
ZhuanJiaTiXing

　　微信搜索中的热点关键词主要针对微信用户，因为大多数使用微信的用户会在微信"搜一搜"的界面搜索自己感兴趣的信息内容，这一行为导致许多关键词成为热门关键词。因此，在软文中如果学会了找准角度和热点，嵌入相关的关键词，就能够有效提升文章的浏览量。

111　软文关键词：软文中的关键词设置技巧

　　软文可以恰当完整地把商品信息展现在读者面前，能够起到正面描述与推广产品的作用。这不得不归功于软文中的关键字的设置，如果软文中没有嵌入与产品信息相关的字眼，很难起到推广和宣传的作用。因此，软文中关键词的设置是至关重要的。

知识解析

　　在微信平台上，软文的关键词主要是针对微信上的文章。通过微信搜索，用关键词进行搜索定位，大家往往会选择打开在搜索排行榜前列的公众号和文章。

　　那么该如何计算关键词的搜索排名呢？企业可以利用"SEO"（即搜索引擎优化）来搜取关键词搜索排名。"SEO"是专门利用搜索引擎搜索规则，提高目前网站在有关搜索引擎内自然排名的方式。

　　那么，具体应该怎么做呢？笔者将其主要方法总结为如图10-7所示的6点。

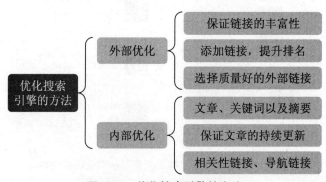

图10-7　优化搜索引擎的方法

案例展示

以"手机摄影构图大全"为例，如图 10-8 所示，为其微信公众平台推送文章内容的相关展示。

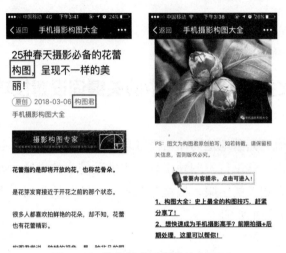

图 10-8　优化搜索引擎的案例展示

由上图可以看到，它的标题、内容以及链接都设置了"构图"和"构图大全"关键词，这是搜索引擎优化的表现。

这个时候我们在微信"搜一搜"中来搜索"构图大全"一词就会出现相关的信息，如图 10-9 所示。

图 10-9　微信搜索"构图大全"一词呈现的内容

112 用户角度：从用户角度换位思考关键词

在微信平台进行软文营销，就应该借助其社交属性，消除人与人之间的距离感。想知道用户如何进行搜索，就要从用户的角度去思考、选词。

知识解析

具体来说，我们应该怎么从用户的角度进行思考呢？笔者将其要点总结为如图 10-10 所示的 3 点。

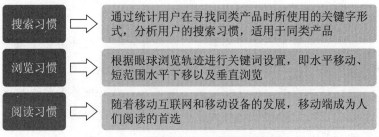

搜索习惯	⇒	通过统计用户在寻找同类产品时所使用的关键字形式，分析用户的搜索习惯，适用于同类产品
浏览习惯	⇒	根据眼球浏览轨迹进行关键词设置，即水平移动、短范围水平下移以及垂直浏览
阅读习惯	⇒	随着移动互联网和移动设备的发展，移动端成为人们阅读的首选

图 10-10　从用户角度思考关键词的要点

案例展示

以"摄影"一词为例，在微信搜索输入之后即会出现用户搜索较多的相关关键词，如"摄影技巧""摄影入门""摄影大赛"以及"摄影师"等，如图 10-11 所示。假如我是用户，看到"摄影技巧"，估计也会点进去一探究竟。说不定还会关注与之相关的公众号，成为固定的粉丝，购买摄影书或者摄影教程。

无论是软文营销，还是设置软文中的关键字，都不能缺少从用户的角度思考这一环节。因为写作的目的是让读者看到，而设置关键字的目的则是让更多的读者更容易看到。两者的受众都是读者，如果不从读者和用户的角度出发思考，那么关键词的设置大多也是失败且没有成效的。

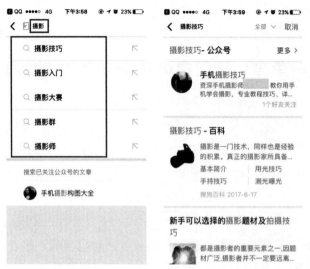

图 10-11 从用户角度思考关键词的案例展示

专家提醒
ZhuanJiaTiXing

在思考用户常用的关键词的过程中，最好的方法是抛开自己作者的身份，把自己当成是一个有特定的阅读、消费需求的读者，只有这样才能真正抓住核心的关键词。当然，也不能片面地就一己之见下定论，还需要通过大量的数据调查才能明确什么样的关键词是读者喜欢的。

113 对手角度：从对手角度换位思考关键词

《孙子·谋攻篇》道："知己知彼，百战不殆。"因此，在设置关键词时，我们最好多多了解对手的公众号，搞清楚他们的关键词和布局情况，这样不仅能找到优化漏洞，还能掌握目前关键词的竞争热度，以便进行人力优化部署。

从对手的角度出发，思考关键词是为了更好地学习他人的长处，借以弥补自己的不足。那么，在思考关键词的时候，究竟应该如何向竞争对手借鉴呢？

这 15 招优化搜索，让你 10W+ 阅读量软文排名靠前受读者追读

笔者将其方法总结为以下 3 点。

（1）在微信搜索中搜索与自己产品相关的关键词，重点查看和摘录在搜索中排名靠前的关键词，然后作对比分析。

（2）去网站上查询与搜索结果显示出来的排名靠前的公司信息，或直接在微信搜索中搜索这些公司的公众号，然后分析他们的网站目录描述或公众号功能介绍，查看核心关键词或辅助关键词，统计出竞争者名单。

（3）分析自己公众号上的客户信息，将客户购买的产品信息中出现的关键词统计出来，可将关键词的重要程度进行分类汇总，找出客户关注的重点关键词。

值得注意的是，我们从对手的角度出发设置关键词的时候，需要花费比较多的时间和精力，但也应该多多把握细节，不能因为耗时耗力就随便敷衍了事。

案例展示

以"珂润"品牌为例，在微信搜索中以它为关键词展开搜索，就会发现排在第一位的是"珂润面霜"，而点击搜索相关资讯则会看到众多推荐"珂润面霜"这一产品的文章，如图 10-12 所示。如果我们的产品也是平价好用的保湿面霜，就可以参考这些文章中的关键词设置来打造软文。

图 10-12　从对手角度思考关键词的案例展示

需要注意的是，从竞争对手的角度思考关键词的方法固然奏效，但一定要明确产品的各项特征都比较吻合，特别是主要的功能要相似。否则这样想出来的关键词对于软文营销的作用是不大的。

114 时尚热点：用八卦新闻做关键词

谈论八卦是人们生活中不可缺少的娱乐方式，不论是明星的服装搭配、妆容技巧，还是名人的花边新闻、结婚生子等消息，都能引起广大普通老百姓的热烈关注，而且还形成了"粉丝"这一固定的追星群体。

因此，在设置软文关键词时，我们完全可以紧贴时尚热点，时刻关注八卦新闻，进而将娱乐与软文营销结合起来，以达到理想的营销效果。

一般八卦新闻类的公众号比较容易吸引广大的微信用户，如果想通过八卦新闻来选择关键词，需要注意八卦的选择方向，过于负面的明星八卦会引起明星粉丝的不满，也不利于正能量的传播，不利于公众号的持续发展。

在借用时尚热点、明星八卦设置关键词时，为了达到吸引注意力的目的，需要掌握如图 10-13 所示的 3 个要点。

用八卦新闻做关键词的要点 — 包括 — 将八卦热点与软文内容融合 / 选择有热度且有价值的八卦 / 避免言之不实，要有依据

图 10-13 用八卦新闻做关键词的要点

专家提醒
ZhuanJiaTiXing

对于明星效应，笔者认为，与其介绍现有的明星还不如制造属于自己公众号的明星，个人的公众号也大有存在。

比如，现在人气火爆的网红，完全是由网友捧起来的明星。所以，我们可以利用当地的热点，然后借机设置关键字炒作，引起网友热议，达到一鸣惊人的宣传效果，进而推广产品。

这15招优化搜索，让你10W+阅读量软文排名靠前受读者追读

案例展示

以"一条"在微信公众平台推送的一则软文为例，如图10-14所示，借助的就是"杜鹃"的明星效应。

它通过充满噱头的标题来吸引读者的眼球，"不上综艺没有微博，国民女神杜鹃首次透露她的内心……"，然后在讲述杜鹃个人经历和性格特色的过程中，穿插了对她代言的品牌的宣传，而"内心"一词则是贯穿整篇软文的关键词。这样一来，不仅巧妙借助了明星效应，同时又突出了关键词，赢得了读者的关注。

图10-14 用八卦新闻做关键词的案例展示

再来看"手机摄影构图大全"中提到的"构图君"这一关键词，如图10-15所示，采用的就是"名人效应"的方式。

图10-15 "名人效应"做关键词的案例展示

通过使用权威的身份来使得众多的读者信服，同时文章正文和文章的结尾都设置了"构图君"这一关键词，以吸引读者的注意力。这不仅是关键词的设置，同时也是对读者进行的一种暗示，让他们在不知不觉中记住这个名字，留下深刻印象。

115 预测关键词：两招学会预测关键词

许多关键词都会随着时间的变化而具有不稳定的升降趋势，因此，学会关键词的预测相当重要。这样的话，就能够随时对关键词进行调整，以争取获得更多阅读量，扩大软文的传播范围。

知识解析

那么，我们要从哪些方面学习关键词的预测呢？笔者将从以下两个角度分析。

1. 季节性，节假日的祝福

关键词的季节性波动比较稳定，主要体现在季节和节日两个方面，如服装产品的季节关键词会包含四季名称，即春装、夏装等；节日关键词会包含节日名称，即春节服装、圣诞装等。

季节性的关键词预测还是比较容易的，我们除了可以从季节和节日名称上进行预测，还可以从以下 4 方面进行预测，如图 10-16 所示。

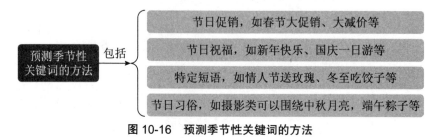

图 10-16　预测季节性关键词的方法

专家提醒
ZhuanJiaTiXing

在预测季节性关键词的时候,要时刻关注某个节假日的到来,而且要提前预知。一般来说,季节性的关键词预测是比较能够把握的,因为节假日都是固定的,不会有很大的改动。当然,也不排除会有政策的改动导致节假日的变换,但总体来说还是很稳定的。

2. 社会热点,普通人的共鸣

社会热点新闻是人们关注的重点,当社会新闻出现后,会出现一大波新的关键词,搜索量高的关键词就叫热点关键词。

因此,我们不仅要关注社会新闻,还要会预测热点,抢占最有力的时间预测出热点关键词。如此一来才能够得到流量,获得关注。下面笔者介绍一些预测热点关键词的方法,如图10-17所示。

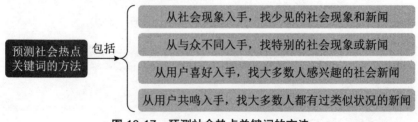

图 10-17　预测社会热点关键词的方法

以"手机摄影构图大全"为例,它推送的文章就是根据季节性的关键词进行整理的,如图10-18所示。

"元宵花灯和汤圆",这属于节日习俗,同时还结合公众号的特点——"摄影构图"打造了精致的内容,得到了不少读者的关注和好评。由此可见,关键词的预测对于阅读量的提升有着比较重要的价值,因此,对关键词进行预测是必不可少的环节。

再来看"哎呦科技"推送的《再见!4G……》一文,如图10-19所示,它以社会热点为关键词的。主要是通过移动网络的更新换代来引起读者的共鸣,这样的文章也是根据对关键词进行预测之后才撰写出来的。

从评论也可以看出，广大读者对此事多有关注，并纷纷表达了自己对于移动网络的看法。

图 10-18　季节性关键词之"节日习俗"展示

图 10-19　社会热点关键词之"用户共鸣"展示

116 设置关键词：推送信息标题含有关键词

在微信、APP 以及自媒体平台上，推送信息是平台运营的主要目的，而要把企业、商家信息精准地传达给目标消费者，就必须把与信息相关的关键词重点展示。其中，在软文标题中嵌入关键词是比较有效的一种方法。

知识解析

那么，在推送内容的标题中设置关键词时，我们应该怎么做呢？或者说，我们应该注意哪些问题呢？笔者将其主要方法总结为如图10-20所示的3点。

图 10-20　设置标题关键词的方法

案例展示

以"手机摄影构图大全"推送的文章标题为例，如图10-21所示，为《构图大全：世上最全的构图技穷，赶紧分享了！》和《人生构图：为什么说，你的摄影拍法即人生活法？（案例升级版）》两篇文章，其中都含有"构图"这一关键词。

图 10-21　推送信息标题包含关键词的软文

在加入辅助关键词的情况下，在其他媒体平台中进行搜索时，可以让读者通过标题了解软文内容，又能精准地推送信息，即使改换了软文名称，也能进行查询。

117 账号认证：通过认证的会优先排在前面

在微信这一社交平台上，其服务运营方为微信公众平台提供官方认证的服务，无论是企业号还是服务号，抑或是订阅号，只要按照其认证流程对设立的公众号进行认证，就可在后台查看微信认证详情界面，清楚地了解微信认证的基本信息。

知识解析

通过了认证的微信公众号，可以免费获得其平台对外开放的所有技术接口，且更具有真实性和保障性。最为重要的一点是：通过认证的账号，往往搜索排名靠前。那么，如何让自己的账号通过认证呢？笔者将其方法总结为如图 10-22 所示的 3 点。

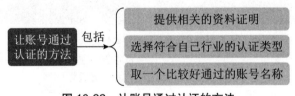

图 10-22　让账号通过认证的方法

案例展示

图 10-23 所示为关于不同关键词的微信公众号的搜索情况，排名靠前的公众号基本都已经通过认证，因此，如果账号没有经过认证，还是要想办法拿到认证，这样才能有效推广自己的账号和软文。

👤 这15招优化搜索，让你10W+阅读量软文排名靠前受读者追读

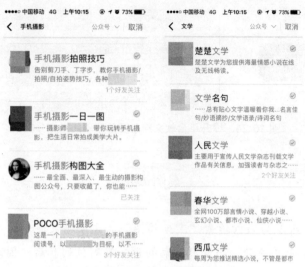

图 10-23　公众号搜索的微信认证显示

专家提醒
ZhuanJiaTiXing

以微信为例，它的账号认证的前提条件如下所示：

（1）没有开通的流量主的个人类型账号；

（2）未纠错过主体信息的账号。

此外，申请微信的认证，还需要一次性支付 300 元 / 次审核服务费用，无论是否认证成功，这个费用都是要支付的。

118 互动技巧：粉丝互动频率越高排名越靠前

在微信、APP 以及自媒体平台上，针对具体某一篇软文，粉丝互动频率主要体现在用户对该篇文章的评论数，评论越多，软文的互动频率就越高，也间接地表明了公众平台的粉丝黏性越好。

那么，怎样才能提升平台和平台软文的粉丝互动频率呢？这一问题可以从以下 4 个方面着手，如图 10-24 所示。

图 10-24　提升平台软文粉丝互动频率的措施分析

图 10-25 所示为微信搜索"深度构图"的文章结果展示。排名靠前的文章有作者与读者的互动，而没有互动的那一篇则位列其后。因此，我们要掌握与粉丝互动的各项技巧，借以提升文章的排名。

图 10-25　微信搜索平台的"深度构图"搜索展示

专家提醒
ZhuanJiaTiXing

文章不仅是写给读者看的，最重要的是能够调动读者的积极性，使其能够参与到文章的创作中来，比如评论、点赞以及转发等。我们除了通过内容吸引读者，还要通过福利留住读者，这也是互动的一种手段。

再来看"innisfree 悦诗风吟"的公众号是怎么与读者展开互动的，如

图 10-26 所示，为其推送的文章内容。其中主要提及了参与活动即可获取大奖的消息，以此换取与读者的积极互动。

图 10-26 "innisfree 悦诗风吟"推送文章的互动展示

此外，它在文中不仅单单指出可以参加活动，而且提供了小程序的链接，引导读者进行操作和购买，如图 10-27 所示。

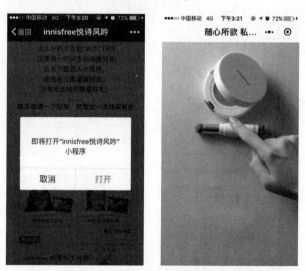

图 10-27 "innisfree 悦诗风吟"的小程序链接

"innisfree 悦诗风吟"的互动频率在公众号中算是比较高的，这也是它的品牌和产品排名比较靠前的原因。

119 服务号应用：服务号信息能直接抵达用户列表

在微信公众平台上，公众号类型之一——服务号，顾名思义，即以提供服务为目的的微信公众号，多用于银行和企业。

知识解析

服务号在推送消息的时候，具有诸多优势，最为显著的一点就是信息可以直达用户列表。那么，在推送消息时，应该如何把握关键字的设置技巧呢？笔者认为以下两点经验可以借鉴。

（1）把握推送的时间：比如早上 8 到 9 点、中午 12 到下午 2 点等。

（2）标题带有关键词：比如"送福利啦""最全构图技巧"等。

因此，企业在选择公众号类型时，最好选择服务号，它是提升平台文章搜索率的重要 SEO 技巧，也是获取用户关注和增强粉丝黏性的重要策略。

案例展示

图 10-28 所示为"星巴克中国"公众号的消息推送，它是直接显示在订阅对话列表中的，因此，只要消息一弹出来，用户就可以第一时间点击进去，对文章进行阅读。

图 10-28 "星巴克中国"的直接推送

再来看如图 10-29 所示的众多企业服务号的推送，都是直接展示在对话列表中，而其关键字一般都是采用带有福利性或者紧迫感的。诸如"倒计时一小时！""女王节……"等。这些字眼更容易引起读者的注意，从而点击进去阅读文章。

图 10-29 众多企业号的直接推送

📓
专家提醒
ZhuanJiaTiXing

服务号信息直达用户列表的这一特征，不仅可以最大程度上为用户提供服务，同时还能为平台的运营提供助力。

120 内容有料：推送的内容影响阅读量和分享率

软文，从其形式上来说，它首先是一篇文章，而一篇文章质量的好坏是由其内容决定的。只有当软文推送的内容为读者所认同和喜欢，才能支撑读者去关注并读完，并在阅读的过程中产生"这篇文章值得很多人去看"的想法，才能实现高阅读量和高分享率。

在进行平台软文运营时，保证软文推送内容的质量是重中之重。在此，主要从内容选择的角度出发分析软文的推送内容，具体介绍如下。

1. 与平台相关，定位准确

企业或个人在建一个公众号时，一般是有着其确切的用户定位的，其平台运营和内容推送也是针对这些用户进行的，而不是没有目标的胡乱推送，且在选择内容时，首先应该选择与运营平台相关的内容，这样才能让用户去了解平台，进而予以更多的关注。

2. 专业化，内容富有价值

这主要是针对一些专业化的微信、APP 和自媒体平台来说的。由于其业务和运营范围的专业化，因此，在推送内容时也应该选择能够凸显平台专业技能的内容，这是提升平台公信度和真实性的关键所在。

特别是一些涉及软件的教程、运动以及业余技能等偏向技术性方面的平台，更是要在推送内容方面表现出极高的专业性，且这些内容为读者所认同，才能对平台的阅读量和分享率的提升产生积极的影响。

3. 坚持原创，不忘初心

对某些类型的平台来说，坚持原创也是内容专业化的重要体现。即使是对一般的平台而言，坚持软文的原创也是其推送内容富有价值的体现，是支撑读者读下去的精髓所在。

当然，这种原创也是有质量要求的，并不是随性、胡乱编写的软文就能获得读者的欣赏。

案例展示

以"手机摄影构图大全"这一公众号为例，它推送的内容大多都是原创、专业性强以及符合平台定位的，如图 10-30 所示。

优质的内容是保证文章阅读量的前提和基础，在微信和自媒体平台上，我们可以通过后台查看公众平台和平台发布的软文的阅读数和分享数，如图 10-31 所示，为某固定时间内，微信平台推送的文章内容的阅读数和分享数。

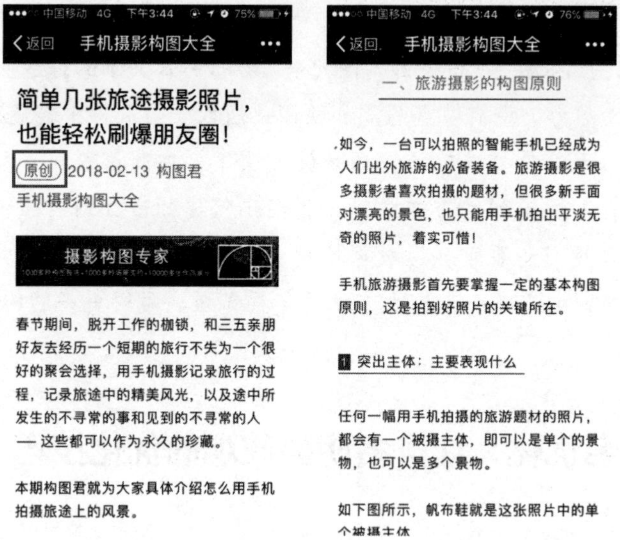

这 15 招优化搜索，让你 10W+ 阅读量软文排名靠前受读者追读

图 10-30   "手机摄影构图大全"的优质内容

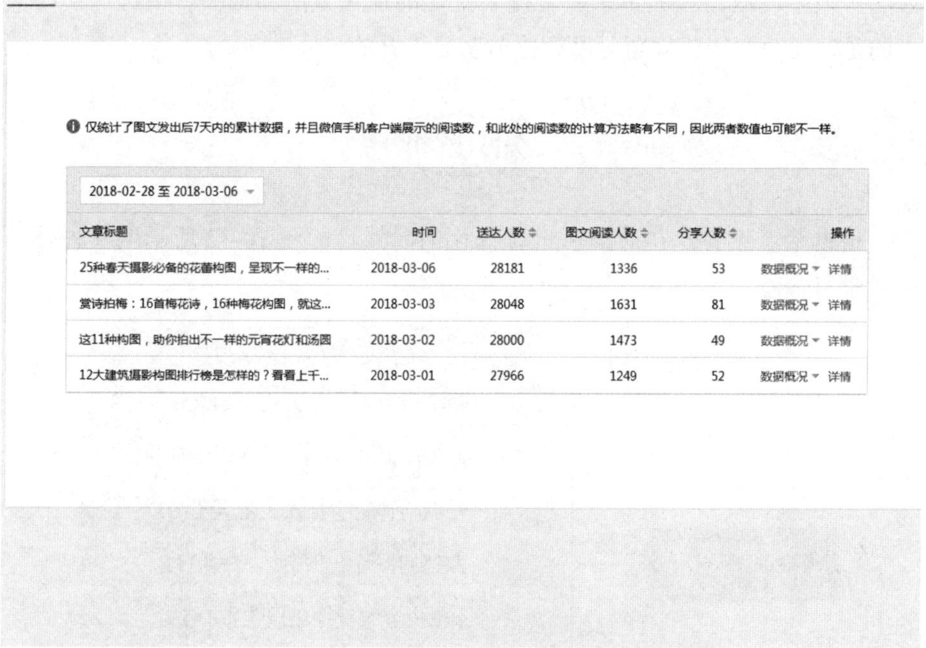

ⓘ 仅统计了图文发出后7天内的累计数据，并且微信手机客户端展示的阅读数，和此处的阅读数的计算方法略有不同，因此两者数值也可能不一样。

2018-02-28 至 2018-03-06 ▾

文章标题	时间	送达人数 ⇕	图文阅读人数 ⇕	分享人数 ⇕	操作
25种春天摄影必备的花蕾构图，呈现不一样的…	2018-03-06	28181	1336	53	数据概况 ▾ 详情
赏诗拍梅：16首梅花诗，16种梅花构图，就这…	2018-03-03	28048	1631	81	数据概况 ▾ 详情
这11种构图，助你拍出不一样的元宵花灯和汤圆	2018-03-02	28000	1473	49	数据概况 ▾ 详情
12大建筑摄影构图排行榜是怎样的？看看上千…	2018-03-01	27966	1249	52	数据概况 ▾ 详情

图 10-31   微信推送文章的阅读数和分享数

专家提醒
Zhuan Jia Ti Xing

从图中的数据不难看出，文章的内容决定了文章的阅读和分享数量，正因为"手机摄影构图大全"在每一篇文章的打造上都倾尽全力、尽心尽力，没有一点马虎和松懈，所以才会取得比较显著的成绩。

无论是打造软文，还是爆款文案，内容都是第一位的。在微信平台上编辑和发布文章时，我们不仅要知道如何打造优质的文章，而且我们还要学会用数据检测文章效果，通过后台工具来提升文章排名，由此进一步扩大文章的传播范围，赢得更多的粉丝和阅读量。

121 排名优化：让排名明显改观的优化技巧

微信搜索的排名优化主要是对微信文章及公众号的排名做优化，优化的方法有很多，但是能够带来显著排名变化的优化方法却很少。不过，值得庆幸的是，还是有一些技巧可以让排名明显提升的。

知识解析

根据笔者经验，在对排名进行优化的时候，如图 10-32 所示的 9 种技巧可供学习参考。

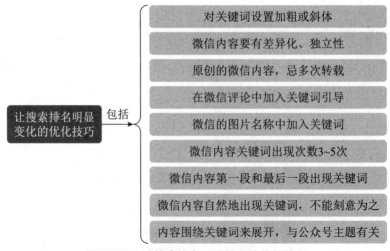

图 10-32　让搜索排名明显提升的优化技巧

这15招优化搜索，让你10W+阅读量软文排名靠前受读者追读

专家提醒
ZhuanJiaTiXing

如果想要让文章的排名明显提升，就必须认真在文章中嵌入已经确定或者选好的关键词，懂得如何完美结合且不露痕迹。这不仅能够提升排名，还可以推广文章，塑造影响力。

总而言之，细心经营，步步为营，才是提升排名和阅读量的重点。因此，不能心急，只能心细。

案例展示

以"手机摄影构图大全"推送的文章为例，它不仅在内容的末尾添加了关键字"构图"，而且还是与公众号相关的关键词，比如"构图技巧"。值得一提的是，文章末尾的链接也对账号本身的内容进行了推广，使得公众号的相关内容能够广泛传播，如图10-33所示。

此外，在评论区域，作者还加入了"构图"这一关键词进行引导，这些优化技巧在提升文章的搜索排名的同时，也有效地促进了文章的传播，为公众号赢得了不少粉丝。

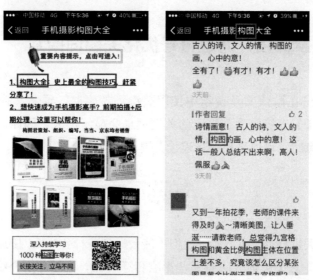

图 10-33　优化排名的技巧展示

再来看如图10-34所示的这篇文章内容，"构图"这一关键词出现了不下五次，而且正文也是围绕"构图"展开的，第一段和最后一段都出现了"构

图"一词。由此可见，"手机摄影构图大全"的排名优化确实做得比较到位，这也是它能排名靠前的原因。

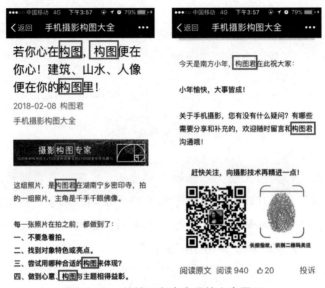

图 10-34　关键词多次出现的文章展示

122　搜索优化：通过符号优化关键词搜索

微信用户在微信文章搜索中使用关键词搜索时，通常，搜索结果中由"（）""【】"等符号连接了的关键词也会显示出来。因此，运营者在发布公众号文章时，可以采用符号连接关键词的方法提高排名。

知识解析

在优化关键词搜索的时候，我们可能会遇到各种各样不同的符号，那么，这些符号究竟对关键词分隔有哪些影响和意义呢？下面分别介绍 4 种标题中特殊的符号，如图 10-35 所示。

这 15 招优化搜索，让你 10W+ 阅读量软文排名靠前受读者追读

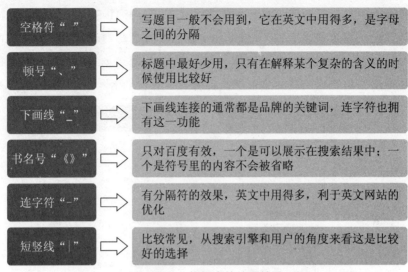

图 10-35　标题中的特殊符号

以微信搜索为例，在搜索框中输入固定的关键词，比如"构图连载""深度构图"，如图 10-36 所示，就会发现虽然输入关键词不同，但是显示的公众号却是同一个。

图 10-36　微信文章搜索结果页面

再来看运用不同符号设置标题的文章案例，如图 10-37 所示，为 "FANCL 无添加" 和 "花王碧柔 Biore" 推送的文章。两者的标题都采用了短竖线的符号分隔关键词，关键词一个为 "女才节"，一个是 "女王大人"，都是围绕女性展开的，而且这两篇文章本来是针对女性打造的。

图 10-37　短竖线符号分隔关键词的案例展示

除了短竖线和以上提到的几种符号可以分隔关键词之外，还有一种符号也可以做到，即 "大括号"。这一种符号特别受 "innisfree 悦诗风吟" 公众号的喜爱和青睐，如图 10-38 所示，为其推送文章标题中使用的符号。

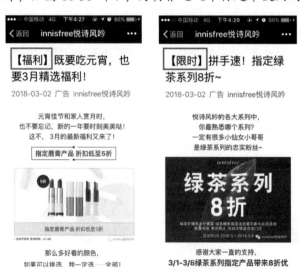

图 10-38　大括号分隔标题关键词的案例展示

这 15 招优化搜索，让你 10W+ 阅读量软文排名靠前受读者追读

从图中可以看出，它特意用大括号将关键词如"福利"和"限时"分隔开来，目的是优化搜索，提升文章的曝光率，让更多的读者看到这篇文章，从而购买产品。

专家提醒 ZhuanJiaTiXing 微信搜索的关键词搜索匹配度算法非常的高，运营者在"（ ）"中连接关键词的方法达到了优化目的。

123 应对技巧：关键词排名下降如何应对

关键词排名下降和上升是很正常的事情，比如，排名下降幅度在个位到十位之间，一般从连续记录的关键词排名数据汇总可以看出哪些关键词下降了。若是大部分的关键词排名同时下降，优化人员该如何应对？

知识解析

当关键词排名出现了明显的下降时，我们不能坐视不理，而是要想出相关的对策来解决。

通常，关键词排名的下降分为两种情况，那么，我们到底应该怎么分别应付这些状况呢？笔者将其技巧总结为如图 10-39 所示的 5 点。

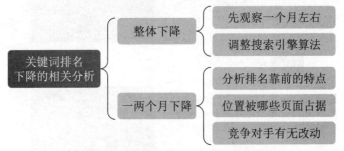

图 10-39　关键词排名下降的相关分析

以"手机摄影构图大全"为例，为了应对一段时间内排名下降的问题，

其对相关的公众号进行了调查研究,得出了排名靠前的摄影类公众号的特征,具体如图 10-40 所示。

图 10-40　摄影类公众号的特征

专家提醒
ZhuanJiaTiXing

"手机摄影构图大全"调查研究后不仅总结了竞争对手的优点,而且还对自己的不足做出了反思:比如推送内容不够多元化、推送时间没有把握好等。

为了弥补自己的不足,它对各大人气摄影公众号进行了考察,重点的考察对象是"玩转手机摄影",如图 10-41 所示,为其推送的相关内容。

图 10-41　"玩转手机摄影"的推送内容

从图中不难看出,这个手机摄影的公众号具有自己的特色,主要体现在如图 10-42 所示的 3 个方面。

这15招优化搜索，让你10W+阅读量软文排名靠前受读者追读

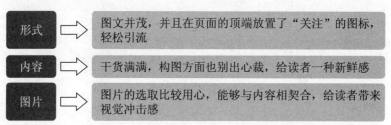

形式	⇒	图文并茂，并且在页面的顶端放置了"关注"的图标，轻松引流
内容	⇒	干货满满，构图方面也别出心裁，给读者一种新鲜感
图片	⇒	图片的选取比较用心，能够与内容相契合，给读者带来视觉冲击感

图 10-42 "玩转手机摄影"推送内容的特色

在看到竞争对手的特色之后，"手机摄影构图大全"找到了自己能够脱颖而出的技巧，即"构图"。从"构图"出发，紧扣热点、采用更加精美的图片作为陪衬，利用"构图连载""深度构图"等来充实文章内容。如此一来，就可以有效解决排名下降的问题了。

图 10-43 所示为"手机摄影构图大全"调整关键词后的搜索页面，不难看出，在微信搜索界面中，它的排名明显上升了。用绿色标示的字眼是关键词，同时也是读者找到文章的重要依据。

图 10-43 "手机摄影构图大全"的关键词搜索结果页面

专家提醒
ZhuanJiaTiXing

关键词排名的下降往往意味着文章被读者阅读的可能性大大地降低，因此转化的概率也会随之下降。很多人在碰到这种情况时如果置之不理，甚至都没有察觉，那么就会失去打造爆款文案、轻松盈利的机会。

10W+阅读量文案的产生并不仅仅是靠写作，它还要靠细心的经营，唯有写作与经营相辅相成，才能打造出盈利无数的新媒体文案。